HELENA ARENDT

NATURGESCHENKE

ZU JEDER JAHRESZEIT

Haupt
GESTALTEN

HELENA ARENDT

NATURGESCHENKE

ZU JEDER JAHRESZEIT

75 IDEEN ZUM GESTALTEN MIT KINDERN

HAUPT VERLAG

Milla stellt sich vor

Frühling & Sommer

BLÜTEN, BLÄTTER UND GRAS

12 Löwenzahn schenkt gute Laune
14 Bild aus wilden Pflanzen
16 Blüten und Blätter trocknen
18 Kreationen aus Blüten und Blättern
20 Naturwichtel zeichnen
22 Lustige Kräuterhexen
24 Schmetterlinge und Vögel
26 Blütenzucker
28 Zitronenmuffins mit Blüten
30 Naturgefäße für Wildblumen
32 Kräuter binden
34 Tischdeko aus Gras
36 Körbchen aus Gras
38 Tablett aus Holz und Binsen
40 Glückspuppen aus Gras
42 Kranz aus Gierschblüten
44 Geschenke aus Knöterich
48 Rosengelee
50 Pflanzen auf Papier oder Stoff abdrucken
54 Duftende Kugeln und Säckchen
56 Kleiner Wald im Glas
58 Feen und Elfen tanzen im Haus
60 Glückliche Waldkinder

Sommer & Herbst

SAMEN, FRÜCHTE UND GEMÜSE

64 Grüne Sprossen in Eierschalen
66 Samenherzen und Samenkugeln
68 Alte Gummistiefel statt Blumentöpfe
70 Regenmacher
72 Dekore mit Hagebutten und Vogelbeeren
74 Mitbringsel aus Zapfen
76 Flügel aus Ahornsamen
78 Nixenzauber
80 Geschenkpapier stempeln mit Obst und Gemüse
82 Druckstempel aus Kartoffeln
84 Leuchtende Orangen
86 Besondere Geschenke aus Avocados
88 Maisblumen

LAUB UND BLÄTTER

90 Herbstzauber
92 Kunterbunte Kunst aus Blättern
94 Mobile aus bunten Blättern
96 Fantasiebilder mit Blättern
98 Fische und Insekten aus Blättern
100 Bunte Herzblätter
102 Naturschmuck aus Modelliermasse
104 Minigeschenke aus Modelliermasse
106 Vasen und Insekten aus Modelliermasse
108 Hustenbonbons aus frischem Salbei

INHALT

Herbst & Winter

HOLZ UND STÖCKCHEN

112 Lustige Stockfiguren
114 als Schlüsselanhänger
116 Kunst aus Zweigen
118 Weihnachtsschmuck mit Zweigen
120 Schlüssel-Ast
122 Memory-Spiel mit Blüten und Blättern
124 Kugel aus Weidenruten

SAND UND STEINE

126 Teelichter aus Sand
128 Bemalte Kieselsteine
130 Tic-Tac-Toe aus Kieselsteinen
132 Kleine Geschenke aus Kieselsteinen

Zu jeder Jahreszeit

136 Körnersnacks für Vögel
138 Natürlich verpackt
142 Anhänger für Naturgeschenke
144 Knirpse aus Wäscheklammern
148 Insektenhotel aus Milchkarton
150 Bunte Obstnetze
152 Verrückte Nasentiere
156 Naturkarten
158 Weiß auf Schwarz
160 Kleine Collagen auf Leinwand
162 Spiegel und Kerzen mit Pflanzenschmuck
164 Schöne Papierschalen
168 Natur auf Wellpappe
170 Stoffe mit Pflanzen färben

Milla stellt sich vor

Hallo, ich heiße Milla und ich wohne im schönen, grünen Münsterland. Hier siehst du mich mitten im Sommer in einem Garten mit vielen Wildblumen und duftenden Kräutern. Ganz besonders liebe ich den Monat August, weil mir dann die gelben Goldruten bis über den Kopf wachsen, sodass ich mich mit meinen Freundinnen und Freunden zwischen ihnen verstecken kann. Wie viele Käfer und andere Krabbeltiere wir dort immer entdecken!
Aber bereits im **Frühling**, wenn die Tage zum ersten Mal wieder richtig warm werden, wenn das Gras sprießt und der Löwenzahn die Wiesen goldgelb färbt, kann ich nach der langen Winterzeit endlich wieder lange draußen spielen. Dann sammle ich die ersten kleinen Blüten und Blättchen und trockne sie zwischen alten Zeitungen. Später klebe ich sie auf meine selbst gebastelten Geburtstagskarten. Alle freuen sich über meine kleinen Naturgeschenke und ich kann nie genug davon haben.
Endlich kommt der **Sommer** und jetzt ist die Natur voll mit bunten Farben. In den Wäldern und auf den Wiesen gedeihen so viele verschiedene Pflanzen, dass man sie gar nicht zählen kann. Endlich darf ich mit meiner Oma Blütenmuffins backen, denn in den Gärten wachsen viele essbare Blumen. Oma hat mir auch gezeigt, wie man aus Gras kleine Glückspuppen basteln kann. Und für die vielen Küchenkräuter male ich mit ihr lustige Kräuterhexen auf Klorollen.

Milla balanciert
und Malik schnitzt.

Raus in den grünen Wald!

Im September beginnen die Bäume und Sträucher, sich bunt zu färben – der **Herbst** ist da. Überall findet man leuchtend bunte Blätter und jedes ist ein fertiges kleines Kunstwerk für sich. Die Kastanien sehen aus, als hätte sie jemand auf Hochglanz poliert. Die Eicheln sind kleine Köpfe mit lustigen Hütchen. Und meine Lieblingssamen kommen wie winzige Hubschrauber zu mir auf die Erde gesaust! Das sind die Samen der Ahornbäume, aus denen ich glitzernde Flügel für meine Zauberfeen basteln kann.

Später im kalten **Winter** habe ich Gelegenheit, mit meinem Freund Malik große und kleine Stöcke einzusammeln, denn nun schneiden viele Gartenbesitzer ihre Sträucher und Bäume. Malik hat ein richtiges Schnitzmesser und schält die dunkle Rinde ab, damit wir die Stöcke besser bemalen können. Aus ein paar Stöcken habe ich im letzten Winter sogar einen Tannenbaum gebastelt. Der war so schön, dass wir keinen echten Tannenbaum mehr kaufen wollten.

Ich habe das große Glück, dass meine Oma einen kleinen Biogarten besitzt. Aber nehmt es nicht zu schwer, wenn ihr keinen Zugang zu einem Garten haben solltet: Egal, wo man wohnt, überall gibt es ein bisschen Natur. Das kann ein kleiner Weg sein oder ein Park, eine Wiese am Stadtrand oder ein grüner Fleck irgendwo in der Stadt. Pflanzen wachsen sogar in den kleinsten Ritzen am Straßenrand. Und überall gibt es Büsche und Bäume, die dir im Herbst viele Schätze zum Basteln einfach so vor die Füße werfen. Du musst nur raus. **Raus in die wunderschöne Natur!**

Naturgeschenke basteln kann man das ganze Jahr über. Ob zu Weihnachten, zu Ostern oder zu den Geburtstagen, es macht einfach in jeder Jahreszeit Spaß, aus kleinen Fundstücken etwas für die Liebsten zu zaubern. Leg dir am besten zu Hause einen kleinen Vorrat an, dann kannst du jederzeit loslegen. Schon ein einziges Steinchen oder Blättchen reicht manchmal aus, um etwas richtig Tolles zu basteln.

Wenn du ab und zu draußen herumstreifst, wirst du überall entdecken, wie großartig unsere Natur ist. Kein einziges noch so kleines Teil aus der Natur gleicht nämlich dem anderen aufs Haar, jedes ist einmalig. Es ist zu einer bestimmten Zeit entstanden oder gewachsen und hat seine ganz eigene Form und Gestalt entwickelt. Die Natur ist voller Wunder, und während des ganzen Jahres überrascht und erstaunt sie uns immer wieder aufs Neue. Jedes Blatt, jede Blüte, jede Samenkapsel, jede Frucht: Alle Teile der Natur sind einzigartig.

Du weißt bestimmt schon, dass die Natur gefährdet ist, wenn nicht alle Menschen auf der ganzen Erde auf sie achtgeben und behutsam mit ihr umgehen. Darum dürfen auch wir Kinder nicht einfach gedankenlos rupfen und zupfen. Denn jede noch so winzige Pflanze ist ein lebendiges Wesen. Also nicht achtlos die Taschen mit Blumen vollstopfen, sondern nur die Pflanzen mitnehmen, die du auch wirklich zum Basteln brauchst! Ein paar Steinchen, Stöckchen oder wilde Blümchen sind erlaubt, aber alles in Maßen. Wir wollen ja nicht zerstören, sondern beschützen.

Ein Herz für die Natur.

Übrigens, was ich noch sagen wollte: Basteln ist nicht nur Mädchenkram. Mein Freund Malik ist ein wahrer Meister im Wichtelzeichnen und Stockschnitzen!

Wenn du wilde Blüten sammelst, dann lass auf jeden Fall genug für die Bienen übrig!

Die Natur schenkt uns so viele großartige Schätze.

Bevor du irgendwo draußen ein paar Pflanzen pflückst, die du gar nicht kennst, musst du dich erkundigen, ob sie vielleicht unter **Naturschutz** stehen. Denn das würde bedeuten, dass diese Pflanzen sehr selten sind oder sogar vom Aussterben bedroht. Die darfst du niemals pflücken oder gar ausreißen. Vielleicht kannst du ein Foto von der Pflanze machen, die du nicht kennst, und sie dann mithilfe von Büchern und Wildpflanzen-Websites bestimmen.
Bei Pflanzen zum Essen musst du besonders vorsichtig sein. Denk daran, dass manche Pflanzen **giftig** sind oder verschiedene **Allergien** auslösen können. Auch an Autostraßen oder auf Wegen, wo Hunde ihr Geschäft erledigen, darfst du keine essbaren Pflanzen sammeln.

Hast du im Frühling schon mal eine Wiese entdeckt, die geleuchtet hat wie Gold? Im letzten April habe ich so eine fantastische Löwenzahnwiese gefunden. Aus ein paar Blüten habe ich eine gelbe Schlange gelegt und über einen alten Baumstamm kriechen lassen. Ich wünsche dir mit deinen selbst gesammelten Naturschätzen viel Freude. Auf dass du mit deinen allercoolsten, selbst gemachten kleinen und großen Kunstwerken deine Freundinnen und Freunde und deine Familie richtig glücklich machst!

Also, raus in die Natur, die Schätze warten schon vor deiner Haustür! *Deine Bastel- und Natur-Milla*

Frühling & Sommer

BLÜTEN, BLÄTTER UND GRAS

12 LÖWENZAHN SCHENKT GUTE LAUNE
14 BILD AUS WILDEN PFLANZEN
16 BLÜTEN UND BLÄTTER TROCKNEN
18 KREATIONEN AUS BLÜTEN UND BLÄTTERN
20 NATURWICHTEL ZEICHNEN
22 LUSTIGE KRÄUTERHEXEN
24 SCHMETTERLINGE UND VÖGEL
26 BLÜTENZUCKER

28 ZITRONENMUFFINS MIT BLÜTEN
30 NATURGEFÄSSE FÜR WILDBLUMEN
32 KRÄUTER BINDEN
34 TISCHDEKO AUS GRAS
36 KÖRBCHEN AUS GRAS
38 TABLETT AUS HOLZ UND BINSEN
40 GLÜCKSPUPPEN AUS GRAS
42 KRANZ AUS GIERSCHBLÜTEN
44 GESCHENKE AUS KNÖTERICH
48 ROSENGELEE
50 PFLANZEN AUF PAPIER ODER STOFF ABDRUCKEN
54 DUFTENDE KUGELN UND SÄCKCHEN
56 KLEINER WALD IM GLAS
58 FEEN UND ELFEN TANZEN IM HAUS
60 GLÜCKLICHE WALDKINDER

Löwenzahn schenkt gute Laune

Wie herrlich leuchtet der April, wenn sich die Wiesen mit goldgelben Löwenzahnblüten schmücken! Jetzt kannst du eine Handvoll Blumen mit möglichst langen Stängeln pflücken.

Zu Hause gestaltest du dann entweder einfach auf dem Boden oder auf einem großen Blatt Papier ein Gesicht nur aus Löwenzahn. Du wirst sehen, das macht richtig viel Spaß, denn mit den langen, biegsamen Stängeln gelingt dir das Gesicht ganz leicht – egal ob mit einem lachenden oder traurigen Mund.

Wenn du besonders lange Stängel gefunden hast, kannst du als Frisur zwei Zöpfe daraus flechten.

Aus Löwenzahnstängeln und -blüten wird im Handumdrehen ein Gesicht.

SO GEHST DU VOR

- Knipse die Enden von drei Stängeln mit einer Wäscheklammer zusammen und lege sie nebeneinander.
- Lege jeweils die außen liegenden Stängel abwechselnd über den inneren Stängel. Zuerst den linken, dann den rechten, links, rechts ...
- Jetzt kannst du die beiden Enden des Zopfes mit etwas Bindfaden zusammenbinden.
- Für den lockigen Pony schneide zuerst einen Stängel in Stücke.
- Schlitze die Stücke mit einem kleinen Küchenmesser einmal oder mehrmals auf.
- Wenn du die Teile nun ins Wasser legst, beginnen sie zu zappeln und kringeln sich zu lauter kleinen Löckchen zusammen. Der Grund dafür ist, dass die Pflanzenzellen an der weichen Innenseite mehr Wasser aufnehmen als an der glatten Außenseite.

TIPP:

Vielleicht fragst du dich, wie man dieses Bild verschenken kann. Du hast recht, im Nu ist das Ganze verwelkt und der Spaß vorbei. Aber vielleicht besitzt du ja ein Handy oder eine Kamera oder kannst dir was leihen. Dann kannst du ein Foto von deinem einzigartigen Löwenzahnkunstwerk machen. Dieses Foto kannst du ausdrucken – entweder als Karte oder etwas größer als Bild für die Wand.

Bild aus wilden Pflanzen

Es macht großen Spaß, einige wenige Pflanzen so zu legen, dass interessante Gesichter daraus entstehen. Dafür brauchst du keine Stifte oder Farben, sondern du kannst das auf jedem einigermaßen glatten Untergrund probieren. Auf weißem Papier oder Karton kommen die Einzelheiten der Pflanzen besonders gut zur Geltung. Im Handumdrehen hast du durch kleine Verschiebungen der Pflanzenteile das Gesicht verändert. Diese Art von Naturkunst verwelkt leider ziemlich schnell, aber du kannst vorher ein Foto davon machen und dieses dann beispielsweise via E-Mail zum Geburtstag versenden. Eine Brille aus Pflanzenstängeln, ein fröhlicher oder mürrischer Mund, zwei Halme als Frisur – fertig ist die wilde Matilde.

Ein schlafendes Gesicht aus nur drei Gräsern! Schaffst du das auch?

Ein lachendes Gesicht aus einer wilden Vogelwicke von der Wiese. »

Ein Gesicht aus Blättern und Blüten einer wilden Distel. Vorsicht, pikst!

Eine seltene Schönheit mit Kussmund aus rotem Klatschmohn.

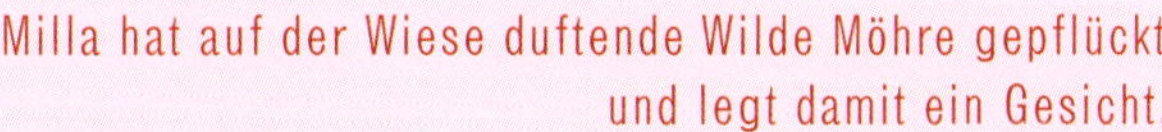

Milla hat auf der Wiese duftende Wilde Möhre gepflückt und legt damit ein Gesicht.

Milla will ihrer Oma zum Geburtstag ein Foto von sich selbst schenken. Darauf möchte sie aussehen wie eine Blumenprinzessin. Sie legt sich draußen auf den Boden und muss nun so lange stillhalten, bis ich ihren Kopf mit einem großen Bund Gartenblumen geschmückt habe. Nachdem ich ein Foto von ihr gemacht habe, kann sie selbst entscheiden, ob sie nun die Schönste im ganzen Land ist.

Blüten und Blätter trocknen

Alle deine gesammelten Blätter und Blüten kannst du einfach zwischen alten Zeitungen, Katalogen oder Pappen pressen. Nur sollten diese nicht aus glatten, glänzenden Papieren bestehen, denn die saugen die Feuchtigkeit nicht auf. Zum Beschweren kannst du dicke Bücher oder Ähnliches verwenden. Schau anfangs jeden Tag nach den Pflanzen und lege sie immer wieder an neue, trockene Stellen, damit sie nicht festkleben. Die meisten Pflanzen sind nach etwa ein bis zwei Wochen trocken. Beim Sammeln wirst du merken, dass manche sehr dünn und zerbrechlich sind, andere wiederum robust und stabil.

Nach ein bis zwei Wochen kommt endlich der spannende Moment, wenn du die gepressten Pflanzen zwischen den Papieren hervorholst und ausbreitest. Getrocknet haben sie ihre Farben und Formen stark verändert. Es bereitet großes Vergnügen, sie zuerst auf einem möglichst großen Papier zu verteilen und zu betrachten, bevor man sie (irgendwo) endgültig festklebt. Jetzt kann man erkennen, welche enorme Vielfalt an Formen, Farben und Strukturen die Natur hervorbringt. Keine Pflanze ist wie die andere und jede für sich ist wunderschön. Arrangiere die Pflanzen ganz nach deinem Gefühl so, dass jede einzelne zur Geltung kommt.

TIPP:

Die meisten Pflanzen kann man mit Bastelklebern fixieren. Am besten klappt es jedoch mit weißem Bastelleim. Mit einem Pinsel bestreicht man vorsichtig die ganze Rückseite der Pflanze und drückt sie dann behutsam auf dem Papier fest. Dabei muss man etwas Geduld aufbringen.
Wenn man mehrere Pflanzen aufkleben möchte, kann man auch den gesamten Untergrund mit Bastelleim bestreichen, am besten mit einem breiten, flachen Pinsel. Dann legt man die Pflanzen vorsichtig mit einer Pinzette auf die Leimschicht und drückt sie leicht an. Der Bastelleim trocknet transparent ein.

Fasse die trockenen Pflanzen auf keinen Fall mit den Fingern an, denn dabei könnten sie zerbrechen. Mit einer Pinzette kannst du besser hantieren.

Kreationen aus Blüten und Blättern

Auf schwarzem Tonpapier kommen die Formen und Farben der Pflanzen besonders gut zur Geltung. Probiere zuerst aus, wie du deine Blätter und Blütenblätter auf dem Papier anordnen möchtest. Zeichne z. B. ein großes Oval oder einen (großen) Kreis dünn mit einem Bleistift auf dein Blatt Papier. Dann kannst du diese Form mit Blättern oder Blüten füllen. Gib jedem einzelnen Blatt und Blütenblatt genügend Raum.

Eine der beliebtesten Formen bei der Gestaltung von Naturmaterialien ist das Mandala. Fang in der Mitte an und lege von dort nach außen. Denk daran, die empfindlichen Pflanzenteile mit einer Pinzette zu fassen. Wie du die gepressten Pflanzenteile festkleben kannst, erfährst du im vorigen Kapitel.

Pilli hat unten aufs Papier zuerst einen kleinen Wichtel gezeichnet und dann alle ihre gepressten Blüten ganz dicht über dem Kopf angeordnet.

« Hier hat Lio eine ovale Form mit verschiedenen Blättern gefüllt.
« Um diesen Kreis mit kleinen Blättchen auszufüllen, brauchte Milla ziemlich viel Geduld.

Naturwichtel zeichnen

Du kennst doch diese klitzekleinen Wichtel, die in den bunten Blumenwiesen wohnen oder im Wald, dort, wo es viel schönen Farn gibt und weiches Moos.

DAS BRAUCHST DU

weißes Papier
Bleistift
Radiergummi
Filzstift oder
dünne Zeichenstifte
Bastelkleber
gepresste Pflanzen

TIPP:

Wenn du lieber meine Wichtel abzeichnen möchtest, dann verrate ich dir dafür einen ganz einfachen Trick: Bitte jemanden, die Vorlagenseite für die Wichtel am Ende des Buches vor eine helle Fensterscheibe zu halten. Lege ein dünnes Papier darauf und zeichne das Motiv mit dem Bleistift nach. Fahre die Kontur anschließend noch einmal mit einem schwarzen Filzstift nach.

SO GEHST DU VOR

- Zeichne mit einem Bleistift oder Filzstift ein einfaches Strichmännchen: einen Kreis als Kopf sowie Augen, Nase und Mund mit einfachen Linien und einen Kreis als Körper mit vier Strichen für Arme und Beine. Die Figur sollte insgesamt nicht größer als 6–10 cm sein.
- Wenn du nun irgendein Pflanzenblatt auf den gezeichneten Kopf legst oder klebst, wirst du staunen, wie wunderbar witzig dein Wichtel mit den gepressten Pflanzen aussieht. Je einfacher deine Zeichnung ist, umso besser wirken die hinzugefügten Blätter und Blüten.

Alles, was deine Figuren jetzt noch brauchen, holst du dir einfach aus der Natur. Die Blättchen werden zu witzigen Frisuren oder Riesenohren. Die Blütenblätter verwandeln sich in Hüte oder Kleider.
Viel Spaß beim Erfinden von Pflanzenwichteln!

Lustige Kräuterhexen

Diese beiden Hexen duften nach frischem Rosmarin und Salbei. Man kann die Kräuter einfach trocknen lassen.

DAS BRAUCHST DU

Klorolle
Bleistift
Schere
Filzstifte
Acrylfarbe
Kräuter
frisch oder getrocknet

Diese herrlich grinsenden Figuren bringen uns nicht nur zum Lachen, sondern stellen auch wunderbar duftende Kräuter für uns bereit, die in jeder Küche Verwendung finden.

SO GEHST DU VOR

- Mit einem Bleistift zeichnest du die Umrisse eines Kopfes auf die obere Hälfte einer Klorolle.
- Zeichne rechts und links zwei große Ohren.
- Füge dann den Hals und die Schultern an.
- Anschließend zeichnest du das Gesicht der Hexe mit einem breiten Mund.
- Wenn du schon gut mit einer Schere umgehen kannst, schneidest du die Umrisse so aus, wie du es auf den Fotos siehst. Solltest du noch nicht so gut ausschneiden können, lass die Klorolle einfach ganz.
- Jetzt malst du die Hexe mit Filzstiften oder Acrylfarben bunt an.

« Frische Kräuter zum Abzupfen: Minze, Salbei, Thymian und Kapuzinerkresse.

Statt der essbaren Kräuter kannst du auch wilde Pflanzen im Wald und auf der Wiese sammeln.

Die Kamillenhexe schenkt uns wunderbaren Tee, wenn wir mal Bauchweh haben.

Besonders lustig sehen die Hexen aus, wenn man sie auf eine kleine Flasche (0,5 l) steckt. So können sie nicht umfallen und die frischen Kräuter halten länger, wenn man die Flasche mit Wasser füllt. Die Fensterbank in der Küche ist jetzt ein richtiger Hingucker.

Schmetterlinge und Vögel

DAS BRAUCHST DU

FÜR 1 SCHMETTERLING

schwarzes Tonpapier
oder Tonkarton, DIN A3
Bleistift
Schere
Acrylfarbe
Schaschlikspieß
Klebeband
Rohr vom Japanischen Knöterich oder Bambus bzw. Binsengras
steifes Gras oder Getreideähren
Schnur
Bastelkleber

Die kleinen Vögel sind aus Wellpappe ausgeschnitten und mit Acrylfarben bemalt. Wenn du einen Schaschlikspieß hineinschiebst, kannst du sie z. B. in einen Blumentopf zu einer Pflanze stecken. Die Form zum Abpausen findest du auf der letzten Seite.

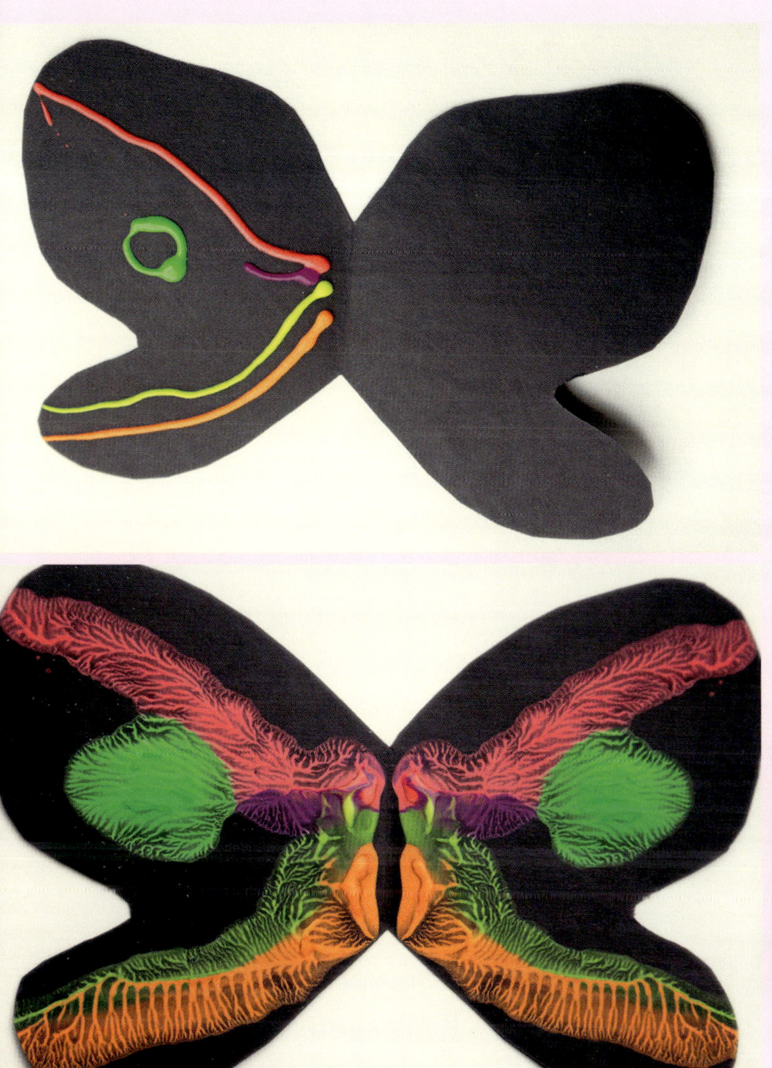

Milla lässt ihre beiden Schmetterlinge fliegen.

SO GEHST DU VOR

- Zeichne die Umrisse eines Schmetterlings auf schwarzes Papier.
- Falte das Papier in der Mitte und schneide den Schmetterling aus.
- Verteile Acryl- oder Fingerfarben auf einer Seite des Schmetterlings und klappe die Hälften aufeinander.
- Presse die Hälften aufeinander und reibe vorsichtig über eine Seite, damit sich die Farben gut verteilen.
- Klappe das Papier wieder auf und schau dir das Ergebnis an. Wenn du noch nicht zufrieden bist, kannst du an den entsprechenden Stellen neue Farbe auftragen und den Vorgang wiederholen. Auch wenn die Farben getrocknet sind, kannst du noch frische Farben hinzufügen.
- Schneide als Körper Rohr vom Japanischen Knöterich, Bambus oder ein Bündel Binsengras zu.
- Schiebe in das Kopfstück zwei steife Gräser als Fühler und klebe sie mit Bastelkleber fest.
- Wenn du einen Körper aus Binsen machst, musst du ihn oben und unten fest mit Schnur umwickeln.
- Klebe den Körper mit Bastelkleber auf den Papierschmetterling.

Blütenzucker

Mit Blütenzucker kann man Nachspeisen bunt dekorieren oder Getränke süßen. Jeder Zucker schmeckt etwas anders, je nachdem, aus welchen Blüten er besteht. Aber auch wenn der Blütenzucker noch so lecker ist, denke immer daran, dass zu viel Zucker ungesund ist!

DAS BRAUCHST DU

essbare Blüten
Mörser
Zucker
Glas
mit Schraubverschluss

Hier siehst du fünf verschiedene Blütenzucker aus fünf unterschiedlichen Blütenpflanzen: Blütenblätter von alten **Duftrosen**, Blüten von **Gänseblümchen**, Blütenblätter von **Ringelblumen**, Blüten vom **Wiesenklee**, **Holunderblüten**.

SO GEHST DU VOR

- Gib zuerst ein paar Blüten in den Mörser und streue einen Löffel Zucker darauf.
- Dann zerkleinerst du die Blüten zusammen mit dem Zucker. Die Menge von Zucker und Blüten ist beliebig. Je mehr Blüten man verwendet, umso intensiver schmeckt der Zucker.
- Lass den Blütenzucker gut trocknen und gib ihn dann in ein sauberes Schraubglas.
- Schüttele das Ganze gut durch.
- Lass den Blütenzucker etwa eine Woche an einem dunklen Ort stehen, damit sich das Aroma gut entfalten kann. Der Blütenzucker hält sich dunkel, gut verschlossen und trocken mindestens neun Monate.

Malik streut auf seinen Naturjoghurt am liebsten etwas bunten Blütenzucker.

Die bunten Blütenzucker trocknen auf einem Backpapier.

Ein superleckerer Muffin mit Blüten und Blütenzucker. Das Rezept findest du auf der folgenden Seite.

Zitronenmuffins mit Blüten

DAS BRAUCHST DU

FÜR DIE MUFFINS

150 g weiche Butter
150 g Zucker oder anderes Süßungsmittel wie Birkenzucker
1 Päckchen Vanillezucker
2 Eier
mittelgroß
3 Biozitronen
250 g Weizenmehl Type 405
1 Prise Salz
2 Teelöffel Backpulver

DAS BRAUCHST DU

FÜR DEN ZUCKERGUSS

4 Esslöffel Zitronensaft
100 g Puderzucker
essbare Blüten

Du brauchst
12 Muffinförmchen.

TIPP:
Während du die Zutaten verrührst, solltest du schon den Backofen vorheizen. Du kannst Silikonförmchen, Papierförmchen oder ein Muffinblech verwenden. Die Förmchen darfst du nur zu etwa zwei Dritteln mit Teig füllen.

SO GEHST DU VOR

- Verrühre die weiche Butter mit dem Zucker und Vanillezucker.
- Rühre die Eier nach und nach unter.
- Reibe die Schale der Zitronen mit einer feinen Reibe ab und presse den Saft aus. Gib beides zu der Butter-Zucker-Mischung.
- Vermische das Mehl mit Salz und Backpulver. Rühre es in den Teig.
- Heize den Backofen auf 180 Grad vor, bei Umluft auf 160 Grad. Backe die Muffins ca. 25 Minuten.
- Gib für den Guss Zitronensaft in eine Schüssel und füge den Puderzucker durch ein feines Sieb hinzu.
- Verrühre alles so lange, bis keine Klümpchen mehr da sind. Wenn die Masse zu dick- oder zu dünnflüssig ist, gib etwas Puderzucker oder Zitrone hinzu.
- Verteile den Guss mit einem Teelöffel auf den abgekühlten Muffins.
- Drücke die Blüten vorsichtig in den noch flüssigen Zuckerguss.
- Falls du bunten Blütenzucker hast, kannst du etwas auf den feuchten Zuckerguss streuen.

Die winzigen Blüten drückst du am besten mit einer Pinzette in den Guss.

Essbare Blüten und Kräuter: Kornblumen, Ringelblumen, Wiesenklee, Kamille, Borretschblüten, Malvenblüten, Klatschmohnblüten, Thymian.

Superlecker!

Naturgefäße für Wildblumen

Jedes Jahr schenkt uns der Sommer schöne wilde Blumen. Endlich hat man wieder Gelegenheit, auf den blühenden Wiesen ein Handsträußchen zu pflücken. Besonders gut zur Geltung kommen die Wildblumen in einem Gefäß aus Naturmaterialien.

Um die alte Konservendose zu verkleiden, hat Ben Rinde aus dem Wald mit einer Haushaltsschere passend zugeschnitten und mit einer Heißklebepistole aufgeklebt.

Für ihre Wiesenmargeriten hat Milla ein Marmeladenglas mit passend zugeschnittenen Zweigen verkleidet. Sie hat zu Beginn ein Gummiband um das Glas gelegt und die Zweige Stück für Stück dahintergesteckt. Anschließend hat sie ein paar lange, stabile Gräser um das Gummiband gewickelt und verknotet.

Milla zwischen duftender Wilder Möhre.

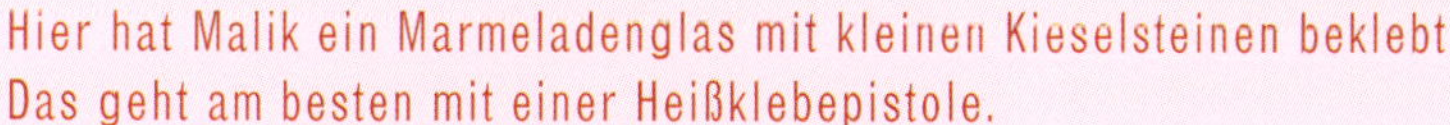

Hier hat Malik ein Marmeladenglas mit kleinen Kieselsteinen beklebt. Das geht am besten mit einer Heißklebepistole.

Maxi hat ein Marmeladenglas mit breiten Gräsern verkleidet. Dazu hat sie zuerst das Glas in der Mitte ringsherum mit Doppelklebeband beklebt. Dann hat sie die Gräser aufgeklebt und passend abgeschnitten.

Kräuter binden

Kräutersträußchen

Schneide aus Papierresten Quadrate aus (ca. 15 x 15 cm). Lege deine Kräuter wie auf dem Foto darauf, zusammen mit einem Schaschlikspieß. Verschließe die untere Papierecke, indem du sie um die Kräuterstängel und den Spieß wickelst. Halte das Ganze mit Schnur zusammen. Schneide die beiden Papierecken rechts und links etwas rund, sodass eine Blütenform entsteht.

Schneide im Garten oder im Kräutertopf auf dem Balkon ein paar Küchenkräuter ab, z. B. Thymian, Rosmarin, Salbei oder Minze.

Kräuterkranz

Suche dir im Garten oder in der Natur ein paar dünne, biegsame Zweige oder Ranken und forme daraus einen Kreis, den du mit Biegedraht oder Schnur umwickelst. Schneide im Garten oder in den Kräutertöpfen einige Kräuter ab und binde sie mit etwas Schnur zu kleinen Sträußchen zusammen.
Befestige die Kräutersträußchen mit Draht oder Schnur an dem Kreis aus Zweigen.

So ein duftender Kräuterkranz ist ein tolles Geschenk.

Tischdeko aus Gras

Aus langen Gräsern lassen sich wunderschöne Geschenke und kleine Mitbringsel zaubern. Schau in deiner Umgebung, welche Gräser dort wachsen. Auch in manchen Gärten gibt es verschiedene Grassorten. In meiner Region wachsen viele Hänge-Seggen, mit denen ich gerne bastele, weil sie lang, breit und sehr stabil sind. Damit das Gras beim Basteln nicht bricht oder knickt, muss man es nach dem Abschneiden mindestens ein bis drei Tage liegen lassen. Erst dann wird es geschmeidig und bricht oder knickt nicht mehr so leicht. Auch wenn du am liebsten sofort loslegen möchtest, solltest du diesen Rat auf jeden Fall befolgen.

Serviettenringe

Serviettenringe kannst du aus den unterschiedlichsten Gräsern oder stabilen Blättern basteln. Schau in deiner Nähe, ob du geeignete Pflanzen dafür findest. Biege diese dann am besten um eine Klorolle, ziehe sie vorsichtig wieder ab und stecke sie mit einer Wäscheklammer fest. Klebe sie zum Schluss mit Bastel- oder Heißkleber fest, halte sie aber zur Sicherheit noch eine Stunde lang mit der Wäscheklammer zusammen.

Dekoration aus Gras und Wäscheklammern

Wenn du für den Klammerknirps eine runde Unterlage aus Gras bastelst, fällt er nicht mehr um. Verwende diese Klammerknirpse anstelle von Platzkarten auf deiner nächsten Geburtstagsparty!

Herz aus Gras

Schneide ein dickes Bündel Gräser. Lass es mindestens zwei Tage liegen. Umwickele das abgeschnittene Ende des Bündels fest mit etwas Schnur oder Draht. Teile dann das Bündel in zwei gleich dicke Stränge. Forme die beiden Stränge zu einem Herzen und lege sie am Ende zusammen. Umwickele sie dort fest mit Schnur oder Draht.

Platzset aus Gras

Für diese grüne Unterlage aus breiten Gräsern hat Alex 24 lange Gräser von einer Hänge-Segge abgeschnitten. Anschließend wurden zwölf Gräser nebeneinander auf den Tisch gelegt und an einer Seite mit einem dicken Buch beschwert, damit sie nicht wegrutschen. Alex hat die übrigen Gräser immer abwechselnd über und unter den liegenden Gräsern hindurchgefädelt, bis alle zwölf eingeflochten sind. Damit das fertige Set nicht auseinanderfällt, hat Alex die Enden der Gräser umgeknickt und mit Heißkleber festgeklebt.

Fische aus Gras

Diese kleinen Fische sind ein tolles Geschenk! Man kann sie auch aufhängen oder für ein Mobile verwenden. Am besten nimmt man Binsengras zum Flechten. Man beginnt mit dem Leib des Fisches, indem man ein Binsengras oder einen dünnen Zweig einmal umbiegt. Die Enden sollen sich kreuzen und bilden so den Schwanz des Fisches. Halte das Fischgerüst in der linken Hand und beginne mit der rechten, ein Binsengras abwechselnd mal über den oberen, mal über den unteren Gerüstzweig zu winden. Wenn das Gras aufgebraucht ist, schiebt man ein neues ins Geflecht hinein und flicht damit weiter. Das Grasende musst du nicht festkleben, sondern kannst es ebenfalls ins Geflecht einschieben. Probiere es aus! Als Auge kannst du viele verschiedene Naturmaterialien verwenden, z. B. Eichelhütchen oder Samen.

Körbchen aus Gras

Milla hat am Waldrand eine große Hänge-Segge gefunden. Sie schneidet ein Bündel lange Gräser ab, um daraus ein kleines Körbchen zu flechten. Zu Hause biegt sie zuerst aus Eisendraht einen Ring mit einem Durchmesser von etwa 20 cm. Dann schneidet sie fünf Drahtstücke ab, die etwas länger sind als der Durchmesser des Rings. Die Enden dieser Drähte wickelt sie so um den Ring, dass eine Sternform entsteht. Den fünften Draht halbiert sie, damit sie insgesamt neun Drähte hat.

Geglühten Eisendraht oder Bindedraht kann man gut biegen, wickeln und flechten.

Ein schönes Körbchen für Zwiebeln oder Krimskrams.

SO GEHST DU VOR

- Welche Größe dein Korb bekommen soll, kannst du entscheiden. Das hängt auch davon ab, wie dick oder fein dein Gras ist. Wichtig ist, dass dein Drahtstern aus einer ungeraden Anzahl von Drähten besteht – nur dann kann man überhaupt flechten.
- Sobald das Drahtgerüst fertig ist, beginnst du in der Mitte, das erste Gras einzuflechten. Führe das Gras abwechselnd über einen Drahtstrang hinweg und unter einem hindurch.
- Bist du am Ende eines Halms angekommen, arbeitest du einfach mit dem nächsten weiter.
- Hast du den oberen Ring erreicht, schlingst du die überstehenden Gräser möglichst dicht um den gesamten Ring.

Hier schneidet Milla Binsengras für ein flaches Körbchen. Binsen wachsen vor allem an feuchten Stellen, z. B. an Teichen oder Bachläufen.

« Bereite sieben gleich lange Gräser so vor, wie hier zu sehen.

Breite die Gräser so aus, dass ein Stern mit 13 Strahlen entsteht. Beginne in der Mitte mit dem 14. Gras zu flechten. Führe das Gras immer abwechselnd über einen Strahl hinweg und unter einem Strahl hindurch.

« Wenn du am Ende eines Grases angekommen bist, kannst du mit dem nächsten weiterflechten.

Zum Schluss werden die überstehenden Gräser aus dem Stern so mit dem letzten Gras verdreht, dass ein dicker Rand entsteht.

Ein tolles Geschenk: Es eignet sich auch als Untersetzer oder als Aufbewahrungsort für hübsche Kleinigkeiten.

Tablett aus Holz und Binsen

Malik hat für seine Mutter ein Tablett aus Holz und Binsengras gebastelt. Ob Früchte oder Gemüse – viele Dinge haben darauf Platz. Und es sieht auf dem Küchentisch sehr dekorativ aus.

Von seinem Vater hat sich Malik eine dünne Baumscheibe zusägen lassen. (Baumscheiben kann man auch kaufen, z. B. in Sägewerken oder im Holzhandel.) Danach hat er mit einem Hammer in Abständen von ca. 2 cm kleine Nägel (etwa 4–5 cm lang) am Rand der Baumscheibe in das Holz geschlagen. Wichtig ist, dass man eine ungerade Anzahl von Nägeln einschläg

Nun beginnt man, das Binsengras von unten um die Nägel zu flechten. Man führt das Gras immer abwechselnd innen und außen an den Nägeln vorbei. Das Ende des letzten Grases kann man so einflechten, dass es kaum zu sehen ist.

In die kleinere Variante des Tabletts passt ein Teelicht. Ein großartiges Geschenk!

Glückspuppen aus Gras

Für eine kleine Puppe aus Gras brauchst du etwas mehr Zeit und Geduld, aber die Mühe lohnt sich! Ein solches Püppchen kann auch als Talisman dienen, der den Beschenkten Glück bringt und sie beschützt. Die vier kleinen Puppen sind aus Binsen gearbeitet, denn diese Grassorte ist sehr stabil und hält lange Zeit. Früher wurden sogar die Sitzflächen von Stühlen aus Binsen geflochten. Nach dem Schneiden der Binsen dürfen diese keinesfalls sofort verarbeitet werden. Lass die Binsen mindestens ein bis drei Tage liegen, damit sie schön biegsam werden. Das gilt auch für alle anderen Gräser.

SO GEHST DU VOR

- Schneide ein Bündel aus Binsen, die besonders lang sind.
- Biege die Binsen in der Mitte um einen runden Gegenstand, z. B. einen Stift oder Pinsel. Wickle einen Faden unterhalb des Stifts oder Pinsels fest um das Binsenbündel, um den Kopf zu formen, und mache einen Doppelknoten.
- Teile rechts und links zwei Arme ab. Kürze sie mit einer Schere um etwas mehr als die Hälfte.
- Umwickle sie an den Enden jeweils mit einem Faden und verknote ihn.
- Teile das restliche Binsenbündel in zwei Hälften.
- Umwickle die beiden Bündel für die Beine an den Enden mit einem Faden und verknote ihn.
- Schneide die Beinenden mit einer Schere gerade ab.
- Schiebe ein sehr langes Binsengras zwischen die langen Beinbündel und beginne, die beiden Bündel zu umwickeln. Führe dabei das Gras immer abwechselnd unter einem Beinbündel hindurch und über ein Beinbündel hinweg, sodass nach und nach ein Kleidchen entsteht. Das Ende des Grases kannst du mit einem Zahnstocher unter das letzte geflochtene Binsengras schieben. So brauchst du für die gesamte Puppe überhaupt keinen Klebstoff.
- Schneide ein weiteres kleines Bündel für die Haare.
- Schiebe dieses Bündel durch die runde Kopföffnung und verknote die Binsen zu einer Frisur.

Binsen sind biegsam und sehr stabil.

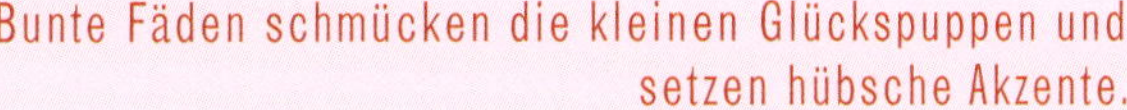

Bunte Fäden schmücken die kleinen Glückspuppen und setzen hübsche Akzente.

Kranz aus Gierschblüten

Weißt du, dass sich viele Leute über wilden Giersch im Garten ärgern? Er besitzt nämlich ein tiefes und zähes Wurzelgeflecht. Wenn man ihn einmal im Boden hat, wird man ihn kaum mehr los. Aber Giersch hat auch viele positive Seiten: Die jungen Blätter kann man essen. Und die Blüten sehen hübsch aus und duften nach süßen Möhren. Man kann sie trocknen und mit anderen Pflanzen in Duftsäckchen füllen (siehe Seite 55). Giersch findest du an vielen Stellen in der Wildnis. Mit etwas Bindedraht kannst du auch einen Kranz daraus basteln.

Später im September hat Milla ein paar leuchtende Beeren vom Rotdorn in den getrockneten Gierschkranz hineingesteckt. Auf einem alten Teller platziert, sieht das wunderschön aus.

Der Kranz ist fertig und Milla ist mit ihrem Geschenk sehr zufrieden.

Wenn du einen Kranz aus Pflanzen machen möchtest, biegst du am besten zuerst einen einfachen Ring aus Draht oder aus biegsamen Zweigen. Danach legst du deine Pflanzen Stück für Stück darauf und umwickelst jede einzelne mit Blumendraht oder Schnur.

Geschenke aus Knöterich

Der Japanische Knöterich wächst in Deutschland an vielen Stellen und gefährdet leider oft andere Pflanzen, weil er durch seine enorme Größe von über zwei Metern manchmal alles überwuchert. Er hat lange, hohle Stängel, die im Sommer grün sind und im Winter braun werden und verholzen. An den Stängeln sitzen große, herzförmige Blätter.

Aus den angefeuchteten Blättern lassen sich Schälchen formen. Für ein Schälchen musst du drei oder vier Blätter entlang der Mittelrippe falten und sie dann etwas ineinanderschieben. Damit die ineinandergeschobenen Blätter nicht auseinanderfallen, kannst du sie oben am Rand mit Zahnstochern oder Nadeln befestigen. Dann legst du die Blätterreihe in ein passendes, rundes Dessertschälchen und lässt sie trocknen. Die getrockneten Schälchen eignen sich gut für kleine Naturschätze.
«

Die großen Blätter sind ziemlich stabil. Man kann Briefumschläge daraus falten und kleine Botschaften darin verstecken.

Milla hat aus einem dicken Rohr vom Knöterich und ein paar anderen Pflanzen eine große Puppe zum Aufhängen gebastelt.

Zuerst hat Milla ein dickes Bündel Gras in der Mitte umgebogen und zusammengeschnürt. Dieses Bündel hat sie in das Rohr gesteckt und mit Heißkleber festgeklebt. Danach hat sie als Arme ein Bündel Binsengras mit Schnur an das Rohr gebunden. Hals und Arme hat Milla anschließend mit viel Schnur umwickelt. Für den Rock hat sie ein dickes Bündel aus blühenden Gräsern zusammengebunden, unten ins Rohr gesteckt und festgeklebt. Zum Schluss hat sie verschiedene Pflanzen in das Gras am Kopf gesteckt und geklebt. Die Schnur zum Aufhängen hat sie durch das Kopfbündel gezogen und oben verknotet.

So toll sieht Millas fertige Puppe nach zwei Wochen aus! Das dicke Rohr für den Körper ist nun rotbraun geworden und die Blütenfrisur ist eingetrocknet. Wer wohl dieses großartige Geschenk bekommt?

Die langen Rohre lassen sich mit einer Gartenschere, einem Messer oder einer Bügelsäge schneiden. Wenn du eine Gliederpuppe aus den Rohren basteln willst, brauchst du ein paar dicke Perlen und vier lange Drähte für die Arme und Beine. Oder du stellst einfach dicke Trinkhalme her für deine nächste Party.

Einige Kinder haben aus den trockenen, braunen Rohren süße Nixen gebastelt. Wenn sie dir gefallen, dann schau auf Seite 79.

Rosengelee

Magst du den intensiven Duft von Wildrosen oder alten Rosen? Nur diese duftenden Rosen haben genügend Aroma für Marmeladen und Gelees. Die Farbe des Gelees wird durch die Farbe der Rosen bestimmt. Dunkelrote Blütenblätter ergeben beispielsweise ein rotes Gelee. Falls ihr keine Duftrosen im Garten habt, kannst du eventuell welche aus der Nachbarschaft bekommen. Hör dich doch mal um! Vielleicht gibt es ja Gärtnerinnen oder Gärtner, die dir fünf bis acht rosarote Blüten schenken – egal von welcher Sorte.

DAS BRAUCHST DU

FÜR 2 GLÄSER

100 g Rosenblüten unbehandelt, duftend (5–8 Blüten)
450 ml Wasser
500 g Gelierzucker 2:1
1 Zitrone
mehrere Gläschen mit Deckel

Mehr brauchst du nicht für ein aromatisches Rosengelee: acht Rosen, Gelierzucker und eine Zitrone ».

Milla ist sehr zufrieden mit dem Gelee, denn es ist nicht zu flüssig. Mmh, köstlich!

Je dunkler die Rosen sind, umso dunkler wird das Rot des Gelees.

SO GEHST DU VOR

- Zupfe die Rosenblüten ab und wasche sie kurz in kaltem Wasser.
- Gib die Rosenblüten in einen Topf mit kochendem Wasser und bringe das Ganze unter Rühren langsam zum Kochen. Lass die Rosenblüten mindestens 15 Minuten im heißen Wasser ziehen.
- Schütte die Flüssigkeit durch ein Sieb in ein Gefäß und presse die Blüten mit einem Löffel aus.
- Gib den Gelierzucker hinzu und bringe die Flüssigkeit unter ständigem Rühren erneut zum Kochen.
- Gib den Zitronensaft dazu – die Farbe verändert sich.
- Lass das Gelee etwa 5 Minuten sprudelnd kochen.
- Gib einen Teelöffel Gelee auf einen kalten Teller. Verläuft das Gelee, ist es noch zu flüssig. Koche es dann 1 Minute weiter und mache wieder eine Gelierprobe.
- Fülle das Gelee noch heiß in kleine Gläschen. Die verschlossenen Gläser musst du umdrehen und 5 Minuten auf den Deckel stellen.

Pflanzen auf Papier oder Stoff abdrucken

Es ist ein spannendes Abenteuer, direkt mit Pflanzen zu drucken. Alle Pflanzen enthalten verschiedene Farbstoffe und diese treten mit dem Pflanzensaft aus, wenn man sie mit einem dicken Kieselstein oder einem Hammer aus den Pflanzen herausschlägt oder -quetscht.

DAS BRAUCHST DU

gut saugendes Papier
(am besten Aquarell-papier)
Zeitung als Unterlage
kleine Pflanzenteile
Klarsichtfolie
(Prospekthülle o. Ä.)
glatten Kieselstein oder Hammer

Klara hat ein Etui aus weißer Baumwolle bunt mit Pflanzen bedruckt, und zwar mit Blütenblättern von einer roten Geranie und vom gelben Mädchenauge sowie mit Blättchen von einer Duftwicke.
«

SO GEHST DU VOR

- Lege ein Blatt Papier auf eine Unterlage.
- Dann legst du eine Pflanze auf das Papier und bedeckst sie mit der Klarsichtfolie.
- Reibe nun kräftig mit dem Kieselstein so lange auf der abgedeckten Pflanze herum, bis der Pflanzensaft austritt.
- Wenn du die Folie ein Stückchen anhebst, kannst du sehen, wie viel Pflanzensaft ausgetreten ist. Falls nötig, reibst und drückst du weiter.

Milla hat einen Einkaufsbeutel aus weißer Baumwolle zuerst mit Kurkumapulver gelb eingefärbt (siehe Seite 171). Dann hat sie darauf viele einzelne Blütenblätter und Blätter abgedruckt. Ein einmaliges Geschenk!

Ines hat für ihren kleinen Bruder ein wahres Kunstwerk gezaubert: ein mit Kurkuma eingefärbtes Shirt, das mit den Blütenblättern und Blättern einer roten Geranie und einer Duftwicke bedruckt wurde.

Um ein Gefühl dafür zu bekommen, wie das Abdrucken am besten funktioniert, solltest du zu Beginn einige Proben machen. Am besten klappt es mit sehr kleinen Blüten, mit einzelnen kleinen Blütenblättern oder grünen Blättchen. Du wirst sehen, dass viele Pflanzen saftig sind und das grüne Chlorophyll sofort herausspritzt. Es gibt jedoch auch Blätter, die sich nicht zum Drucken eignen. Einige Blüten, die ich für den Druck empfehlen kann: rote Geranienblüten, Blüten von Mädchenaugen, Stiefmütterchen, Blüten vom Storchschnabel oder Geranium, Ringelblumen, Löwenzahnblüten, Kornblumen, Gierschblüten. Man kann die Pflanzen genauso auch auf Stoff abdrucken.

Duftende Kugeln und Säckchen

Ohne zu nähen, kannst du im Handumdrehen bunte Duftkugeln herstellen. Du brauchst nichts anderes als eine Handvoll getrocknete Duftkräuter und eine verwaiste Socke. Am besten eignen sich Baby- und Kindersocken. Viele wilde Pflanzen duften: **Wiesenklee, Gänseblümchen, Holunderblüten, Ringelblumen, Wiesenmargeriten, Wildrosen, Labkraut …** Wenn du sie gesammelt hast, kannst du sie mit etwas Schnur zu kleinen Sträußchen binden und im Zimmer mit den Blüten nach unten zum Trocknen aufhängen. Lass die Pflanzen etwa ein bis zwei Wochen trocknen.

SO GEHST DU VOR

- Fülle die Blüten in die Socke und schiebe sie bis in den vorderen Zehenbereich.
- Verdrehe die Socke oberhalb der Blüten, damit die Blüten nicht herausfallen.
- Stülpe das übrig gebliebene Ende der Socke über den mit Blüten gefüllten Teil. Bei längeren Socken muss man diesen Vorgang so oft wiederholen, bis kein Stoff mehr übersteht und ein fester Ball entstanden ist.
- Wenn das Bündchen zu locker ist, kann man alles mit ein paar Stichen zunähen. Ich habe das Ende aber einfach mit etwas Schnur zugebunden.

Lio schnuppert an den duftenden Kräutern, die anschließend in eine Socke gestopft werden.

Für die Duftsäckchen hat Katie zuerst einen alten, weißen Baumwollstoff mit Kurkuma eingefärbt (siehe Seite 171). Dann hat sie einige Pflanzen auf dem Stoff abgedruckt (siehe Seite 52). Mit dem Langettenstich werden die Kanten zusammengenäht.

Langettenstich

Man beginnt links und arbeitet nach rechts. Du stichst mit der Nadel etwa 5 mm neben der Kante von unten nach oben durch den Stoff und ziehst den Faden so weit durch, dass eine Schlinge bleibt. Durch diese Schlinge führst du die Nadel und ziehst dann den Faden so an, dass die Verknotung an der Stoffkante liegt.

Um das Säckchen schließen zu können, wird ein Faden durch den Stoff gezogen. Das geht am besten mit einem einfachen Heftstich. Man beginnt in der Mitte vorne und sticht in einer Richtung rundherum, sodass eine gestrichelte Linie entsteht. Kurz vor dem ersten Einstich führt man den Faden zum letzten Mal wieder nach außen. Durch Ziehen an den beiden Fäden wird das obere Säckchenende gerafft und geschlossen.

Mit buntem Stickgarn werden die Kanten der Duftsäckchen besonders schön.

Kleiner Wald im Glas

DAS BRAUCHST DU

großes Glas (mind. 2 l) verschließbar
Steinchen oder Kies
Walderde
Gabel
kleine Waldpflanzen wie Waldklee o. Ä. mit Wurzeln
Moos
etwas Holz/Rinde oder Zapfen
Sprühflasche

SO GEHST DU VOR

Das Glas solltest du zu Beginn mit heißem Wasser reinigen.

- Lege zuerst die gewaschenen Steinchen auf den sauberen Glasboden, eine Schicht von etwa 3–5 cm.
- Nun kannst du die Walderde darüberstreuen, etwa 8–10 cm hoch. Wegen dieser beiden Schichten kann das Wasser gut abgeleitet werden und es bildet sich keine Staunässe.
- Anschließend gräbst du mit einer Gabel kleine Löcher in die Erde und setzt die Pflanzen ein.
- Jetzt drückst du vorsichtig etwas Waldmoos in die Erde. Das Moos ist wichtig, damit der Wasserhaushalt reguliert wird.
- Zum Schluss verteilst du noch etwas Rinde, einige Steine oder Zapfen. Falls irgendwelche Tierchen wie Würmer oder Käfer in das Glas geraten sein sollten, musst du diese unbedingt einfangen und wieder im Freien aussetzen.

- Wenn du mit deinem Waldstück im Glas zufrieden bist, kannst du es behutsam gießen. Am besten geht das mit einer Sprühflasche. Du musst eher sparsam gießen, auf dem Glasboden darf kein Wasser sichtbar sein.
- Danach kannst du das Glas verschließen.
- Am besten stellst du es an einen hellen Ort, aber auf keinen Fall in die pralle Sonne.

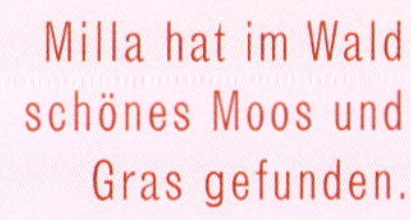

» Milla hat im Wald schönes Moos und Gras gefunden.

≈ Oft bildet sich Kondenswasser an der Innenseite des Glases und tropft wieder ab.

Das Glas ist eingerichtet: Kies, Walderde, Moos und Pflanzen.

In den nächsten Tagen bildet sich wahrscheinlich Kondenswasser an der Innenseite des Glases. Wenn es nicht von allein wieder abtropft, sollte man das Glas für ein bis zwei Stunden öffnen, um zu lüften. Wenn man zu wenig Wasser verwendet hat, bilden sich gar keine Tröpfchen an der Innenseite. In diesem Fall muss man noch etwas nachgießen.

Es macht viel Spaß, in der folgenden Zeit zu beobachten, was in dem Glas passiert. Manche Pflanzen wachsen schneller als die anderen und versuchen, alles zu überwuchern. Diese Pflanzen kannst du einfach mit einer Schere kürzen oder auch ganz herausnehmen. Falls es einer Pflanze zu feucht wird und sie zu schimmeln beginnt, solltest du sie entfernen.

Es kann eine Weile dauern, bis sich die Pflanzen im Glas wohlfühlen und eine gute Gemeinschaft bilden. Weil das Glas fest verschlossen ist, kann kaum Wasser entweichen und es entsteht ein geschlossener Kreislauf, ein ganz eigenes Ökosystem. Wenn das gut funktioniert, braucht man sich um fast nichts mehr zu kümmern und kann manchmal mehrere Jahre lang Freude an seinem Miniwaldstück haben.

Feen und Elfen tanzen im Haus

Im frühen Sommer blühen auf vielen Wiesen und an den Feldrändern schöne, weiße Dolden vom Wiesen-Bärenklau. Im Spätsommer bilden sich dann Samen an den Dolden. Du kannst die Pflanze an ihrem kantigen, hohlen Stängel erkennen, der rau behaart ist. Die großen, lappigen Blätter sehen wie Tierfüße aus – so ist auch der Name entstanden.

DAS BRAUCHST DU

Dolde vom Wiesen-Bärenklau
Röhrchen vom Japanischen Knöterich
geglühten Eisendraht
Perle
Binsengras
Schnur oder bunte Fäden
Ahornsamen
Bastelkleber
Acrylfarbe und Marker

ACHTUNG!

Im Vergleich zum Wiesen-Bärenklau ist der giftige Riesen-Bärenklau erheblich größer, manchmal wird er höher als 3 m. Aber den deutlichsten Unterschied erkennt man am Stängel: Die Stängel des Riesen-Bärenklaus haben auffällige dunkle Flecken, dagegen ist der Wiesen-Bärenklau nur behaart. Wenn du dir nicht hundertprozentig sicher bist, fass die Pflanze nicht an!

SO GEHST DU VOR

- Schiebe einen langen Draht zwischen die Büschel einer Dolde ohne Stängel und biege ihn so, dass er doppelt liegt.
- Schiebe den doppelten Draht durch das Röhrchen vom Knöterich.
- Setze die Perle als Kopf darauf.
- Stecke zwei kleine Bündel Binsengras als Arme von oben in das Röhrchen und befestige sie im Inneren des Röhrchens mit etwas Bastelkleber. Dabei kannst du einen Zahnstocher verwenden. Binde dann die Enden der Arme mit einem Faden ab.
- Klebe hinten einen Ahornsamen als Flügel an.
- Jetzt kannst du die Elfe anmalen und ihr eine Frisur aus Pflanzen basteln.

Wiesenfee

So eine kleine Wiesenfee kann man leicht herstellen. Man braucht nur eine Dolde vom Wiesen-Bärenklau mit einem kurzen Stängel sowie eine Hagebutte als Kopf. Auf die Rückseite klebt man einen Samenflügel vom Ahorn und schon ist die kleine Tänzerin fertig. Wenn man möchte, kann man mit Markern noch ein Gesicht malen oder die Flügel verzieren.

Glückliche Waldkinder

Wenn wir in den Wald gehen, spüren wir sofort, wie gut er uns tut: Er schenkt uns Ruhe und Entspannung, wunderbare Luft und herrliches Grün. Die selbst gebastelten Waldkinder sollen dich dazu auffordern, nicht ewig in der Bude zu hocken. Ab in den grünen Wald!

DAS BRAUCHST DU

große Verpackungspappe
Bleistift
Schere
Pinsel
weiße Wandfarbe
Acrylfarben
gepresste Blätter
Bastelleim
oder Bastelkleber

SO GEHST DU VOR

- Du brauchst eine Pappe, die so groß ist wie ein Kind. Wenn du keine findest, kannst du auch mehrere Pappen mit Klebeband aneinanderkleben.
- Bei diesem Projekt benötigst du Hilfe von einem zweiten Kind. Dieses legt sich auf die Pappe und du fährst seinen Umriss mit Bleistift nach.
- Dann schneidest du die Figur aus.
- Mit weißer Wandfarbe streichst du die Figur an.
- Danach kannst du sie mit hellen Farbtönen bemalen. Das geht am besten mit einem großen, breiten Malerpinsel.
- Lass die Figur trocknen und klebe gepresste Blätter aus dem Wald darauf.

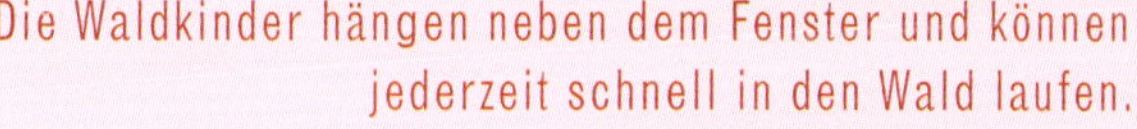

Die Waldkinder hängen neben dem Fenster und können jederzeit schnell in den Wald laufen.

Sommer & Herbst

SAMEN, FRÜCHTE UND GEMÜSE

64 GRÜNE SPROSSEN IN EIERSCHALEN
66 SAMENHERZEN UND SAMENKUGELN
68 ALTE GUMMISTIEFEL STATT BLUMENTÖPFE
70 REGENMACHER
72 DEKORE MIT HAGEBUTTEN UND VOGELBEEREN
74 MITBRINGSEL AUS ZAPFEN
76 FLÜGEL AUS AHORNSAMEN
78 NIXENZAUBER
80 GESCHENKPAPIER STEMPELN MIT OBST UND GEMÜSE

82 DRUCKSTEMPEL AUS KARTOFFELN
84 LEUCHTENDE ORANGEN
86 BESONDERE GESCHENKE AUS AVOCADOS
88 MAISBLUMEN

LAUB UND BLÄTTER

90 HERBSTZAUBER
92 KUNTERBUNTE KUNST AUS BLÄTTERN
94 MOBILE AUS BUNTEN BLÄTTERN
96 FANTASIEBILDER MIT BLÄTTERN
98 FISCHE UND INSEKTEN AUS BLÄTTERN
100 BUNTE HERZBLÄTTER
102 NATURSCHMUCK AUS MODELLIERMASSE
104 MINIGESCHENKE AUS MODELLIERMASSE
106 VASEN UND INSEKTEN AUS MODELLIERMASSE
108 HUSTENBONBONS AUS FRISCHEM SALBEI

Grüne Sprossen in Eierschalen

Auf einer hellen Fensterbank kannst du viele verschiedene Sprossen ziehen. Gut gedeihen beispielsweise Kresse, Senf oder Radieschen. Sie wachsen rasch und du kannst sie schon sehr bald ernten. Ein paar grüne Sprossen auf dem Butterbrot, auf einem Salat oder einer Suppe sehen nicht nur appetitlich aus, sie schmecken auch knackig frisch und versorgen den Körper mit wichtigen Vitaminen.
In Eierschalen wirken die zarten Sprossen besonders dekorativ. Stell die Schalen während der Mahlzeiten neben die Speisen. Dann kann sich jeder am Tisch die Sprossen nach Bedarf selbst abschneiden. Damit die Eierschalen nicht umfallen, bastelst du kleine Nester aus Gras oder Zweigen und stellst sie hinein. Eine wunderschöne Dekoration!

Die Kräuterhexen und die Strolche mit ihren lustigen Sprossenfrisuren fühlen sich auf der Fensterbank am wohlsten!

DAS BRAUCHST DU

Samen von Kresse, Senf, Radieschen o. Ä.
leeren Eierkarton
halbe leere Eierschalen
Watte oder Küchenkrepp
Sprühflasche

SO GEHST DU VOR

- Stelle einen leeren Eierkarton auf eine Fensterbank, aber nicht in die Sonne.
- Gib die sauberen halben Eierschalen in den Eierkarton.
- Lege die Schalen mit Watte oder Küchenkrepp aus und gieße Wasser darauf.
- Kippe das überschüssige Wasser aus den Schalen heraus und streue Samen von Kresse oder anderen Sprossen darauf.
- Wässere die Samen leicht mit einer Sprühflasche. Die Samen dürfen nicht vollständig im Wasser liegen.
- Besprühe die Samen morgens und abends. Dann heißt es abwarten!

Ganz besonders schön hat Helli ihre Eierschalen gestaltet. Mit einem sehr feinen Markerstift hat sie winzige schlafende Gesichter daraufgezeichnet. Die Augen und die Münder sind kleine Bögen, alle nach unten geneigt. Wie kleine Zauberwesen mit grünen Löckchen sehen die mit Kresse gefüllten Schalen aus. Stabilisiert werden sie mithilfe weicher Birkenzweige, die Helli zu Nestern verschlungen hat.

« Malik wollte lieber einen frechen Strolch für seine Sprossen basteln. Dafür hat er eine Klorolle bemalt, ähnlich wie auf den Seiten 22/23 bei den Kräuterhexen beschrieben. Die Eierschale hat Malik mit breiten, schwarzen Streifen bemalt und dem Strolch als Kopfbedeckung aufgesetzt. Sieht richtig cool aus.

Samenherzen und Samenkugeln

Bunte Blumen sorgen für gute Laune, deshalb solltest du allen deinen Lieblingsmenschen Blumensamen schenken! Die stecken in selbst gemachten Herzen, Blumen und Sternen. Man legt das Herz, die Blume oder den Stern in einem Blumentopf auf die Blumenerde, hält sie eine Zeitlang schön feucht und wartet gespannt, welche Pflanzen sprießen werden.

DAS BRAUCHST DU

halbe Rolle Toilettenpapier
(ergibt ca. 10 Formen)
evtl. Mixer
Ausstechformen
(z. B. Herz, Blume, Stern)
gut saugendes Küchentuch
Blumensamen

WICHTIG:
Den Papierbrei mit den Samen in den Förmchen sehr gründlich und fest pressen, damit die Herzen nicht auseinanderfallen!

SO GEHST DU VOR

- Gib das Toilettenpapier in ein Gefäß und begieße es mit Wasser, sodass es bedeckt ist.
- Zerkleinere es mit den Händen, bis ein möglichst feiner Papierbrei entsteht. Dafür kannst du auch einen Mixer verwenden.
- Wenn du möchtest, kannst du den Papierbrei mit Rote-Bete-Saft oder Lebensmittelfarben bunt einfärben.
- Lege die Ausstechform auf eine dicke Lage Küchentuch und gib eine Portion Papierbrei hinein.
- Presse das Wasser aus dem Brei in der Form.
- Bevor du das gesamte Wasser ausgepresst hast, legst du die Samen auf den Brei. Presse die Samen in den Papierbrei.
- Drücke die feuchte Papierform vorsichtig auf das Tuch, ohne es dabei anzuheben.
- Lass die Form einige Tage trocknen.

Samenkugeln

Lehmige Erde kannst du zu Kugeln rollen und beispielsweise Spinatsamen hineingeben. Mit einem Zahnstocher lässt sich ein Gesicht aufmalen. Wenn man den fertigen Kopf anschließend in einen Topf mit Blumenerde legt und feucht hält, löst sich das Gesicht allmählich auf. Der kleine Kerl verwandelt sich in eine herrliche Spinatwiese! Man kann den Spinat jung ernten und als Zugabe zu Salat, in Quark oder Joghurt oder auf einem Brot essen. Köstlich!

Millas Samenkugeln sehen aus wie kleine Köpfe. Verschiedene Pflanzenteile bilden die Frisuren der Samenköpfe.

Alte Gummistiefel statt Blumentöpfe

Milla hat zwei alte Stiefel aus der Mülltonne gerettet. Was für ein Glück, denn mit ein bisschen Acrylfarbe hat sie aus den ollen Stiefeln originelle Behälter gezaubert, in denen frische oder getrocknete Blumen ihren Platz finden. Auch der Maisheini ist hier gut aufgehoben.

Die Stiefel werden mit Blumenerde gefüllt. Anschließend gibt man die Samen hinein, z. B. von Radieschen, Katzengras, Gartenkresse, Spinat, Kapuzinerkresse oder anderen Pflanzen, die nicht zu groß werden. Experimentieren macht Spaß!

Alte Stiefel kann man auch mit farbigen Markern bemalen. Permanentstifte halten sogar draußen im Regen. Wenn man die Stiefel bepflanzen und draußen platzieren möchte, sollte man zuvor einige Löcher in die Sohle bohren, damit sich keine Staunässe bildet. Zum Bepflanzen eignen sich unter anderem Wildpflanzen, wie Gras, Klee oder Giersch.

Regenmacher

In der Wüste Atacama in Chile bauten die Ureinwohner früher aus trockenen Kaktusröhren und kleinen Kieselsteinen verschiedene Rasselinstrumente. Damit ahmten sie die Geräusche des Regens nach und flehten um Regen. Ihre Instrumente nennt man Regenmacher.
Aus einer Papprolle und Samen oder Hülsenfrüchten kannst du deinen eigenen Regenmacher bauen. Versetzt du die Samenkörner in Bewegung, hören sie sich genauso an wie prasselnde Regentropfen.

DAS BRAUCHST DU

Papprolle (z. B. Chipsrolle, Küchenrolle, Versandrolle)
Zeitungspapier
Tapetenkleister oder Bastelkleber
Malerpinsel
Kreppband
Linsen, kleine Bohnen, Reis, Hirse o. Ä.
Acrylfarben
Bindedraht oder geglühten Eisendraht

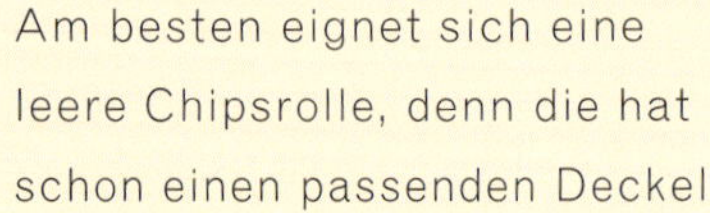

Am besten eignet sich eine leere Chipsrolle, denn die hat schon einen passenden Deckel.

Am sanftesten werden die Rasselklänge, wenn man den Regenmacher nicht schüttelt, sondern leichte Drehbewegungen macht. Probiere selbst aus, wie es sich am meisten nach Regen anhört.

Mit kleinen Gemüsestempeln kannst du deinen Regenmacher bunt bedrucken oder ihn auch ganz frei bemalen.

SO GEHST DU VOR

- Forme aus Eisendraht eine lange Spirale, indem du den Draht um verschieden breite Holzstiele wickelst. Du kannst wechselweise sehr eng wickeln oder auch locker mit viel Abstand.
- Schiebe die Spirale in die Chipsrolle. Die Rolle muss so dicht mit Draht ausgefüllt sein, dass sich der Draht darin beim Schütteln nicht mehr hin und her bewegt. Ist deine erste Spirale nicht lang genug, dann forme noch eine weitere oder so viele, bis der Draht stramm in der Rolle sitzt.
- Nun schütte eine oder zwei Handvoll Hülsenfrüchte in die Rolle. Kleinere Samen machen feinere Geräusche. Probiere aus, welche Samenklänge dir am besten gefallen.
- Wenn du zufrieden bist, verschließe die Rolle mit dem Deckel und befestige ihn zusätzlich mit Kreppband.
- Reiße Zeitungspapier in kleinere Stücke und bestreiche sie mit Tapetenkleister oder Bastelkleber. Klebe die Zeitungsstücke in zwei bis drei Schichten um die gesamte Chipsrolle.
- Lass das Ganze trocknen.
- Nun kannst du die Rolle nach deinen Vorstellungen mit Acrylfarben bemalen. Ich habe die Rolle zuerst mit etwas weißer Acrylfarbe dünn bestrichen. Anschließend habe ich aus einer Möhre kleine Stempel geschnitten (siehe die Kartoffelstempel auf Seite 83) und damit die Rolle von allen Seiten bedruckt.

Dekore mit Hagebutten und Vogelbeeren

ACHTUNG!
Iss keine Wildfrüchte, die du nicht kennst! Manche sehen verlockend aus, sind aber giftig und können große Probleme verursachen.

Im späten Sommer gesellen sich zu den vielen Blumen in der Natur nun auch zahlreiche wilde Früchte. Sehr häufig findet man Hagebutten, Schlehen und die roten Früchte des Weißdorns.

Wie schön leuchten die roten Hagebutten, wenn man sie in einen schlichten Kranz aus Gras steckt! Schon wenige dieser Früchte reichen aus. Lass den Großteil am Strauch hängen, denn die Vögel naschen auch gerne davon. Forme ein Bündel langes Gras zu einem Kranz und umwickele es mit Schnur oder Draht. Befestige die Hagebutten mit ihren Stängeln unter der Schnur. Ein Geschenk, an dem man lange Freude hat!

Maja hat ein kleines Kunstwerk mit roten Vogelbeeren zum Aufhängen gebastelt. Dafür hat sie zuerst ein Stück Wellpappe rund ausgeschnitten. Dann werden mit einer dicken Nadel am Rand Löcher gebohrt. Indem man eine lange Schnur immer wieder durch einander gegenüberliegende Löcher führt, entsteht ein unregelmäßiges, wirres Fadengitter. In dieses werden breite Gräser eingeflochten. Zum Schluss werden die Vogelbeeren hineingesteckt.

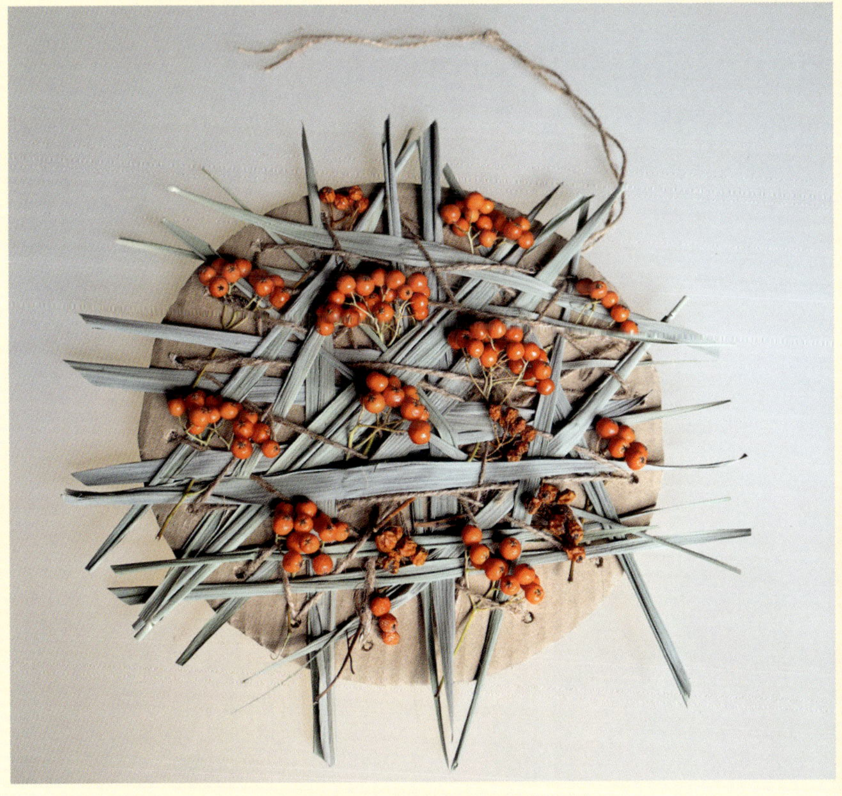

Milla hat einen Strauch mit wunderschönen roten Beeren entdeckt, aber sie wird sich hüten, auch nur eine einzige davon zu naschen. Das sind Beeren vom Schneeball, der leicht giftig ist.

Eine dicke Hagebutte in einem selbst geformten Miniväschen (siehe Seite 106).

Mitbringsel aus Zapfen

Matilda hat in den Ferien im Süden ein paar Pinienzapfen gefunden und staunt, wie groß sie sind. Sie malt einige Zapfen bunt an und stellt sie zusammen mit ihren Stockmännchen und Steinfiguren unter eine große Pinie. Eine tolle Ferien-Ausstellung!

Ben hat ein paar kleine Zapfen gesammelt (links von einer Kiefer, in der Mitte von einer Lärche und rechts die Frucht einer Erle). Damit bastelt er witzige Fantasietiere zum Verschenken. Wie man kleine Figuren aus Modelliermasse herstellt, erfährst du auf Seite 104.

Die kleinen Waldstrolche aus Klorollen sehen cool aus mit ihren Frisuren aus kleinen Lärchenzapfen und etwas größeren Kiefernzapfen.

Flügel aus Ahornsamen

Diese Fantasie-Insekten sehen ähnlich aus wie Libellen, aber Libellen haben in Wirklichkeit nicht zwei, sondern vier Flügel. Lenni hat ein Stückchen von einem dünnen Zweig mit leuchtenden Punkten bemalt. Dann hat er die schwarze Frucht einer Erle als Kopf mit einem dünnen Faden fest um das Zweigende gewickelt und geknotet. Die Ahornflügel hat er einfach mit Bastelkleber fixiert.

Milla hat ihre Ahornsamen mit bunten Markern bemalt, sodass sie aussehen wie gestreifte Hörner oder fellbesetzte Ohren. Sie wurden für ein Fantasietier aus einem Holunderstock weiterverwendet.

Auch die Tierköpfe aus Baumscheiben haben lustige Ohren bekommen. Milla hat die Scheiben mit kleinen Magneten hinterklebt und am Kühlschrank befestigt.

Nixenzauber

Milla bastelt heute ein ganz besonderes Geschenk, für das sie mindestens den ganzen Nachmittag brauchen wird: ein Mobile, an dem lauter kleine Nixen schweben. Und dafür hat sie sich Gel mit buntem Glitzer besorgt, denn natürlich müssen Nixen funkeln und glitzern!

DAS BRAUCHST DU

Röhrchen vom Holunder, Knöterich oder Wiesen-Bärenklau
Acrylfarben und/oder Filzstifte bzw. Marker
Schnur
Ahornsamen
Maisfasern
Bastel- oder Heißkleber
kleinen Ast
evtl. kleine Muscheln

Aylin hat die kurzen Leiber der Baby-Nixen aus kleinen Holunderästen gebastelt. Dazu hat sie das weiche Mark im Inneren mit einem Kastanienbohrer herausgebohrt.

Milla hat eine Nixe aus einem getrockneten, braunen Röhrchen vom Japanischen Knöterich (siehe Seite 47) gebastelt.

Das ist Millas fantastischer Nixenzauber!

SO GEHST DU VOR

- Schneide ein Röhrchen für Kopf und Körper der Nixe zu und bemale es.
- Schneide ein Stück Schnur zum Aufhängen ab. Verknote es an einem Ende und klebe den Knoten im Röhrchen fest.
- Klebe unten an das Röhrchen den Ahornsamen als Schwanzflosse.
- Stecke die Maishaare oben in das Röhrchen und klebe sie fest.
- Befestige die Schnur mit der Nixe am Ast.
- Auf diese Weise stellst du mehrere Nixen her und hängst sie an den Ast. Befestige eventuell auch Muscheln oder sonstige Dinge aus dem Meer an deinem Mobile.
- Knote rechts und links an den Ast Schnüre zum Aufhängen.

Geschenkpapier stempeln
mit Obst und Gemüse

Aus vielen Gemüsesorten und Früchten lassen sich Stempel herstellen, mit denen du Karten, Anhänger, Platzdeckchen oder Geschenkpapier bedrucken kannst. Geeignet sind z. B. Äpfel, Orangen, Zitronen, Zwiebeln, Pilze, Paprika, Mais, Möhren oder Rosenkohl. Auch die Strünke von Radicchio, Mangold und Chicorée ergeben schöne Abdrucke, die oft aussehen wie Blüten. Zum Stempeln eignet sich Acrylfarbe, Fingerfarbe, Tusche oder Stofffarbe.

Mit einer einfachen Zwiebel kann man wunderschön bedrucktes Geschenkpapier gestalten.

Zu Mittag gab es eine Pfanne mit Pak Choi und Paprika. Am Nachmittag hat Aslan mit ein paar ungekochten Resten ein schönes Papier bedruckt.

SO GEHST DU VOR

- Mach mit einem Küchenmesser einen geraden und glatten Schnitt.
- Tupfe dann den Gemüsestempel trocken und trage die Farbe mit einem Pinsel gleichmäßig auf.
- Platziere den Stempel vorsichtig auf dem Papier und drück ihn einmal fest auf. Pass auf, dass der Stempel dabei nicht verrutscht. Teste das am besten vorher auf einem Schmierpapier.

Druckstempel aus Kartoffeln

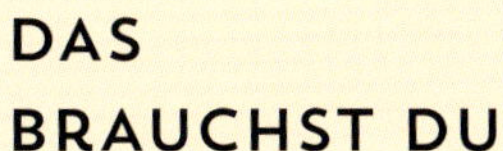

DAS BRAUCHST DU

größere Kartoffel
Ausstechform
Küchenmesser
Acryl- oder Fingerfarbe
Borstenpinsel
Papier

SO GEHST DU VOR

- Aus etwas größeren Kartoffeln kannst du coole Stempel zum Drucken herstellen. Dazu schneidest du zuerst von einer Kartoffel ein Stück mit einem geraden Schnitt ab.
- Dann drückst du ein Ausstechförmchen hinein und schneidest mit einem spitzen Messer die Kartoffel rundherum ab. Schon ist der Stempel fertig!
- Jetzt bestreichst du die Schnittfläche des Stempels mit Farbe und drückst ihn gleichmäßig auf Papier oder Stoff.

Kleinere Stempelformen lassen sich nicht nur aus Kartoffeln, sondern auch aus Möhren schnitzen.

Leuchtende Orangen

Wenn die dunklen Wintertage kommen, lassen ein paar Orangen die Wohnung golden leuchten. Milla hat einige Orangenscheiben auf einem Backpapier im Ofen bei etwa 100 Grad getrocknet und anschließend Schnüre hindurchgezogen. Die Orangenschnüre hat sie ebenso wie einige weitere Schnüre mit knallroten Hagebutten an einem Ast befestigt und ins Fenster gehängt. Wunderschön sieht das aus, wenn das Licht durch die Orangenscheiben scheint!

Malik hat einige dicke Orangenscheiben und ein paar dreieckig geschnittene Stückchen Orangenschale in der Nähe der Heizung auf Küchenpapier getrocknet. Das hat mehrere Tage gedauert, und er hat dabei das Küchenpapier öfters gewechselt und die Orangenscheiben umgedreht. Daraus hat er dann lustige Katzengesichter gebastelt. Die dreieckigen Schalenstückchen werden als Ohren angeklebt und die Gesichter mit

Die coolen Vögel stehen auf der Fensterbank und jeder, der sie entdeckt, muss über sie schmunzeln.

schwarzen und weißen Markern aufgemalt. Zum Schluss hat Malik mit Heißkleber jeweils einen Schaschlikspieß auf die Rückseite geklebt.

Maliks Freund hat im Wald schöne Rindenstücke gefunden, die er zu Vogelkörpern verarbeitet. Getrocknete Orangenscheiben werden als Köpfe auf die Rindenstücke geklebt. Trockene Beeren oder Eichelhütchen dienen als Augen. Die Schnäbel werden aus getrockneter Orangenschale geschnitten. Zuletzt klebt Maliks Freund zwei Schaschlikspieße als Beine auf die Rückseite der Rinde. Er stellt jeden Vogel in eine leere Konservendose, die er mit Sand gefüllt hat.

In der Vorweihnachtszeit möchte Anja die Wohnung mit Orangen-Engeln schmücken. Aus Eierkartons schneidet sie kleine Formen, die aussehen wie Kleidchen. Sie steckt die getrockneten Orangenscheiben hinein und befestigt sie mit etwas Bastelkleber. Noch eine lustige Frisur aus getrockneten Kräutern angeklebt – und fertig ist die Weihnachtsdeko!

Für ein gemütliches Orangenlicht einfach eine Orange durchschneiden und mit einem Esslöffel aushöhlen. Aus der oberen Hälfte mit einer Ausstechform einen kleinen Stern ausstechen. Dann lässt du die Hälften ein paar Tage trocknen. Damit sie sich nicht zu stark verziehen, kannst du sie leicht mit etwas Küchenpapier ausstopfen. Lege nun zwei Schaschlikstäbchen ganz eng aneinander auf die untere Orangenhälfte und klemme dazwischen eine dicke Baumwollkordel als Docht ein. Lass den Docht bis auf den Boden der Orangenhälfte zwischen den Schaschlikstäben herunterhängen. Jetzt kannst du bis etwa zur Hälfte Olivenöl in die untere Orangenhälfte gießen. Vor dem Anzünden musst du den Docht mit etwas Öl beträufeln.

Besondere Geschenke aus Avocados

Wirf Avocadoschalen nicht weg, sondern säubere sie und lass sie ein paar Tage trocknen. Dann füllst du etwas Blumenerde hinein und setzt klitzekleine Ableger von Topfblumen ein oder winzige Sukkulenten. Sukkulenten können Feuchtigkeit in ihren dicken Blättern speichern. Dennoch solltest du täglich vorsichtig kleinste Mengen Wasser in die Schalen tröpfeln oder mit einer Sprühflasche aufsprühen.

TIPP:
Damit sich die Avocadoschalen beim Trocknen nicht verziehen, kannst du sie mit etwas Küchenpapier leicht ausstopfen.

Ben hat einige Anhänger für seine Schwester geschnitzt. Die unteren, hellen sind noch frisch, die oberen, dunklen sind etwa einen Monat alt. Ben hat kleine Metallösen im Bastelladen gekauft und vorsichtig in die noch frischen Anhänger hineingedrückt. Daran hat er Schnüre zum Umhängen befestigt.

Wenn du schnitzen kannst, versuche es mal mit einem Avocadokern! Am besten arbeitest du mit Linolmessern. Beim Trocknen verwandelt sich der weiße Avocadokern und sieht nach einiger Zeit aus wie sehr dunkles Holz.

Jenni hat aus dem Rohr des Japanischen Knöterichs (siehe Seite 46) eine Gliederpuppe gebastelt. Den Kopf hat sie aus einem Avocadokern geschnitzt. Die getrocknete Schale einer halben Avocado dient als Haare.

Maisblumen

Diese schönen Blumen kannst du aus den Hüllblättern von Maiskolben basteln. Die Blätter werden auch Lieschen genannt. Dieses Wort spricht man nicht mit einem s-Laut und *ch* wie beim Fleißigen Lieschen, sondern mit *sch*.

DAS BRAUCHST DU

5–7 Lieschen vom Mais
Wäscheklammern
Schnur
Schere
Heißkleber
Zweige oder Schaschlikspieße
Hagebutten oder Lärchenzapfen

SO GEHST DU VOR

- Fasse das erste Lieschblatt an einem Blattende mit der linken Hand.
- Forme nun mit der rechten Hand ein Blütenblatt, indem du das Lieschblatt in sich verdrehst und in der Mitte umbiegst. Halte das zweite Blattende ebenfalls zunächst mit der linken Hand fest. Dann klammerst du die Enden mit einer Wäscheklammer zusammen.
- Auf diese Weise bildest du mindestens fünf Blütenblätter.
- Lege die Blattenden um das Ende eines Zweigs oder Schaschlikspießes und umwickle alles fest mit Schnur.
- Biege die Blütenblätter vorsichtig nach außen.
- Klebe eine Hagebutte oder einen Lärchenzapfen in die Mitte.

Zwei grüne Strolche mit witzigen Maisfrisuren. »

Wenn die Lieschen trocknen, bleichen sie aus und bekommen eine schöne helle Farbe.

Lio hat die Lieschen von seinem Maiskolben nicht entfernt. Er findet, dass sein brauner Strolch damit richtig cool aussieht.

Malik hat seinen beiden Kerlen aus Maiskolben mit roten und weißen Markern große Münder gemalt. Für die Augen hat er ein paar Maiskörner entfernt und kleine Hagebutten hineingeklebt.

Herbstzauber

Kennst du diese schönen Blätter?

Aus den Blättern und den schönen Früchten von Stieleichen kannst du eine tolle Herbstdeko zaubern.

Lustige Stecker mit Ahornkleid und Kastanienkopf kannst du leicht nachbasteln.

Die Blätter des Berg-Ahorns lassen sich sehr gut trocknen und pressen. Auch trocken behalten sie ihre Form.

Betrachte die Samen, Blätter und Früchte genau. Welche Figuren verstecken sich darin?

us den kleinen Eicheln der Stieleiche und Ahornsamen hat Milla diese nied-hen Glitzerfeen gebastelt. Sie kleben an Schaschlikspießen.

Kunterbunte Kunst aus Blättern

Mit Blättern kannst du abstrakte Bilder gestalten. Streiche die Acrylfarben entweder mit einem dicken Pinsel oder einem Spachtel auf. Nach dem Trocknen klebst du die Blätter auf eine Pappe oder Leinwand.

Noch intensiver können fluoreszierende Fingerfarben oder Acrylfarben auf den Blättern leuchten. Wenn sie in Spritz- oder Quetschflaschen mit kleinen Öffnungen abgefüllt sind, kann man auch feine Linien damit ziehen.

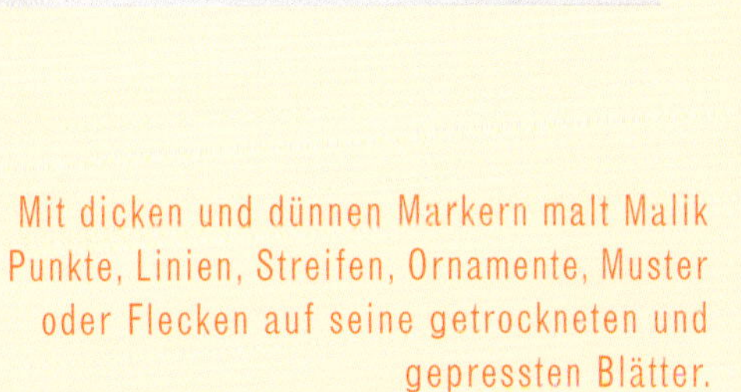

Mit dicken und dünnen Markern malt Malik Punkte, Linien, Streifen, Ornamente, Muster oder Flecken auf seine getrockneten und gepressten Blätter.

Mobile aus bunten Blättern

Malik möchte ein Blättermobile basteln, darum sucht er im Wald verschieden große, schön geformte Blätter und presst sie. Nach etwa einer Woche trägt er mit einem Spachtel bunte Acrylfarben auf. Er spachtelt die Farben sehr dick auf, damit sich die Blätter später nicht so stark wellen. Anschließend sucht er im Wald nach einem geeigneten kleinen Ast für sein Mobile. Er knotet Nähgarn an die Stiele der Blätter und befestigt so die Blätter am Ast. Zum Schluss noch ein Stück Schnur an den beiden Enden des Astes anbringen – fertig ist ein einzigartiges Naturmobile!

Dieses schöne Mobile hat Milla gebastelt und vors Fenster gehängt. Die leuchtenden Farben werden mithilfe von Spritzflaschen aufgetragen.

ACHTUNG!

An Millas Mobile hängen auch zwei Efeublätter. Efeu solltest du niemals direkt berühren, weil er Allergien auslösen kann und alle seine Teile leicht giftig sind. Fass ihn nur mit Haushaltshandschuhen an!

Fantasiebilder mit Blättern

Inka hat die Form einer Katze auf einen großen, schwarzen Fotokarton mit Bleistift vorgezeichnet, anschließend ausgeschnitten und mit Bastelleim auf blauen Karton geklebt. Aus ihrer Sammlung von gepressten Blättern hat sie danach unterschiedliche Blätter ausgesucht, um die Katze damit zu schmücken. Und die besondere Idee: Das Gesicht der Katze hat Inka nicht aufgemalt, sondern ebenfalls mit Blättern gestaltet.

Mehmet hat seine eigene Hand mit grüner Fingerfarbe auf schwarzem Fotokarton abgedruckt. Dann hat er den Abdruck mit gepressten Blättchen und einer Blüte verziert.

Lenni hat mit dicken Filzstiften eine große Fantasiekatze gemalt und danach mit gepressten Blättern und Blüten beklebt.

Für diese beiden Fantasiebilder wurden die Farben mit einem Spachtel auf die kleinen Leinwände aufgetragen und diese anschließend mit Pflanzen beklebt.

SO GEHST DU VOR

- Zeichne mit dem Bleistift zwei dünne waagerechte Linien auf die Leinwand. Auf diese Weise unterteilst du dein Bild in einen Strand, das Meer und den Himmel.
- Beginne mit dem Malen des Strandes und drücke einen kleinen Klecks Ocker auf den unteren Bildabschnitt.
- Verteile die Farbe mit dem Spachtel. Streiche dabei immer horizontal (waagerecht) über den unteren Abschnitt.
- Gib auf die nasse Farbe noch ein wenig Gelb und Weiß und verspachtele die Farben mit waagerechten Bewegungen.
- Reinige den Spachtel mit Wasser und gib einen Klecks blaue Farbe auf den mittleren Abschnitt.
- Verteile auch das Blau horizontal mit dem Spachtel.
- Mische dir aus viel Weiß und wenig Blau einen Himmelston und verteile die Farbe auf dem oberen Abschnitt in waagerechter Richtung.
- Lass die Farbe gut trocknen, bevor du die Pflanzen aufklebst.

DAS BRAUCHST DU

FÜR DIE LEINWANDBILDER

kleine Leinwand (20 x 20 cm)
Bleistift
Malerspachtel oder Teigschaber
Acryl- oder Fingerfarben
gepresste Pflanzen (Waldmeisterblätter, Dolden vom Giersch o. Ä.)
Bastelkleber

Fische und Insekten aus Blättern

Ben hat ein ganzes Sammelsurium von fantastischen Fischen aus völlig verschiedenen gepressten Blättern gestaltet. Bemalt wurden diese mit vier verschiedenen Markern in Weiß, Schwarz, Gold und Silber – wunderbare, kleine Meisterwerke!

Lisa hat aus Blättern fliegende Insekten gebastelt und sie zusammen mit getrockneten Dolden vom Giersch auf weißen Karton geklebt.

DAS BRAUCHST DU

FÜR DEN SCHMETTERLING

2 ähnliche Ginkgoblätter
1 Röhrchen vom Japanischen Knöterich oder vom Wiesen-Bärenklau
Binsengras o. Ä. für die Fühler
bunte Marker
Heiß- oder Bastelkleber

Das Basteln ist sehr einfach, wenn du das Zubehör hast. Auf den Fotos kannst du alles gut erkennen.

Wenn irgendwo in deiner Nähe ein Ginkgobaum wächst, solltest du unbedingt ein paar Blätter sammeln, denn diese lassen sich gut pressen und bemalen. Ihre schönen Formen erinnern an die Flügel von Schmetterlingen.

Bunte Herzblätter

Ist dir schon einmal aufgefallen, wie viele verschiedene herzförmige Blätter in der Natur vorkommen? Beginne auf deinen nächsten Spaziergängen damit, Blattherzen zu sammeln. Aus den gepressten herzförmigen Blättern lassen sich schöne Karten und Bilder gestalten, für die du immer Verwendung findest, wenn jemand von deinen Liebsten Geburtstag hat.
Schau dir die kleine Sammlung an und lass dich davon inspirieren. Du brauchst nur ein paar Stifte, deine Wassermalfarben und etwas Bastelkleber.

Malik hat seine bemalten Herzblätter in selbst gebastelte Ständer aus Stein und Draht gesteckt (siehe Seite 133).

Natürlich kannst du die gepressten Herzblätter auch bunt bemalen und sie auf Karten oder Geschenkanhänger kleben.
Wenn du Karten mit Wasser- oder Aquarellfarben gestalten möchtest, dann solltest du möglichst hochwertiges Aquarellpapier benutzen. Das saugt die Farben besser auf und wellt sich nicht so stark.

Naturschmuck aus Modelliermasse

Aus weißer Modelliermasse kannst du herrlichen Naturschmuck basteln, z. B. diese langen Halsketten. Beim Kauf der weichen Masse musst du darauf achten, dass sie aus natürlichen, ungiftigen Rohstoffen besteht. Du kannst sie wie Ton bearbeiten, brauchst aber keinen Brennofen, weil sie an der Luft aushärtet. Sie wird zwar nicht ganz so robust wie Ton, aber für Schmuckstücke reicht die Härte völlig aus. Wasserabweisend wird der ausgehärtete Anhänger, wenn du ihn zum Schluss mit Klarlack überziehst.

DAS BRAUCHST DU

Modelliermasse
weiß, selbsttrocknend
Messer
Nudelrolle
kleine Pflanzen
Ausstechformen
Strohhalm oder Schaschlikspieß
Pinzette

Milla zieht bunte Bänder aus dem Bastelladen in die fertigen Anhänger.

Die beiden Katzenanhänger wurden nach dem Trocknen zunächst vollständig bemalt. Anschließend wurde ein Teil der Farbe mit einem feuchten Tuch wieder abgewischt. »

SO GEHST DU VOR

- Schneide eine dicke Scheibe von der Masse ab und rolle sie gleichmäßig mit der Nudelrolle aus.
- Kurz bevor die Platte so dünn ist, wie der Anhänger später sein soll, hörst du auf zu rollen.
- Schneide die Platte in rechteckige Stücke, die jeweils etwas größer sind als deine Ausstechförmchen.
- Lege auf jedes Rechteck eine kleine Pflanze. Sie muss kleiner sein als die Ausstechformen.
- Rolle vorsichtig mit der Nudelrolle über die Pflanze, sodass sie regelmäßig in die Masse hineingedrückt wird.
- Jetzt kannst du mit der Ausstechform das Schmuckstück ausstechen und vorsichtig aus der Form entfernen.
- Stanze mit dem Strohhalm oder dem Schaschlikspieß ein Loch oben in das Schmuckstück.
- Entferne vorsichtig mit einer Pinzette die Pflanze aus der Masse oder lass sie in der Masse trocknen.
- Das Trocknen dauert je nach Dicke einige Tage.
- Nach dem Trocknen kannst du die Teile bunt anmalen.

« Hier liegt die getrocknete Orangenscheibe, mit der der Anhänger gestaltet wurde, neben dem fertigen Schmuckstück. Ines hat die Orangenscheibe auf die ausgerollte Modelliermasse gelegt, vorsichtig mit der Hand abgeformt und den Anhänger anschließend mit einem Küchenmesser ausgeschnitten.

Bei diesen beiden Anhängern wurden die Pflanzen vor dem Trocknen nicht entfernt. Die getrocknete Modelliermasse wurde mit Acrylfarbe gelb übermalt und zum Schluss wurden die Anhänger vorne und hinten mit Klarlack überzogen.

Minigeschenke aus Modelliermasse

Aus weißer Modelliermasse und verschiedenen Pflanzen kannst du viele kleine Geschenke formen. Besonders schön sehen sie aus, wenn du einen Teil der Farbe, mit der du die Objekte nach dem Trocknen bemalt hast, mit einem feuchten Tuch vorsichtig wieder abwischst. So bleibt die Farbe vor allem in den Vertiefungen hängen und man kann die feinen Linien und Strukturen der Pflanzen besser erkennen.

Milla hat die Piepmätze aus kleinen Kugeln aus Modelliermasse geformt und selbst gesammelte Federn hineingesteckt. Das weiße Band mit den bunten Vögeln hat sie ihrer kleinen Schwester geschenkt, zum Aufhängen über dem Bett.

DAS BRAUCHST DU

FÜR DIE SCHALE

weiße Modelliermasse
Nudelrolle
Pflanzen
Biofolie
kompostierbar
Dessertschale
Pinzette

SO GEHST DU VOR

- Forme aus Modelliermasse eine Kugel.
- Rolle mit der Nudelrolle über die Kugel und wende sie dabei immer wieder vorsichtig. Es soll ein runder Fladen entstehen.
- Lege die Pflanzen auf den Fladen.
- Lege die Folie darüber und rolle leicht über die Folie, sodass die Pflanzen in die Masse gedrückt werden.
- Lege nun die Masse mit der Folie auf ein umgedrehtes Schälchen und forme die Rundung vorsichtig ab.
- Lass dein Schälchen etwa eine Stunde leicht antrocknen.
- Entferne die Modelliermasse mitsamt der Folie von der Schale und ziehe die Folie vorsichtig ab.
- Entferne die Pflanzen mit der Pinzette.
- Lass das Schälchen trocknen.

Vasen und Insekten aus Modelliermasse

Solche tollen Väschen sind im Handumdrehen geformt. Du rollst einfach einen kleinen Klumpen weiche Modelliermasse so lange zwischen deinen Handflächen, bis eine Kugel entsteht. Bohre dann mit einem dicken Trinkhalm vorsichtig eine Öffnung hinein, in die du später eine kleine Blume stecken kannst. Natürlich kannst du deine Minivasen auch nach Lust und Laune bemalen. Die Kugelväschen sind nur für trockene Pflanzen geeignet.

Magst du kleine Krabbeltiere?
Aus Modelliermasse und kleinen Naturschätzen wie Blättchen, Hölzchen, Dornen oder Beeren kannst du eine interessante Insektensammlung basteln.

Lio findet den Käfer mit den leuchtend grünen Punkten ganz besonders schön. Und welcher gefällt dir am besten?

Hustenbonbons aus frischem Salbei

Salbeiblätter helfen bei einer Erkältung. Viele Leute bereiten daraus einen Tee, der schleimlösend wirkt. Aber man kann auch Hustenbonbons aus Salbei herstellen. Es gibt verschiedene Salbeisorten mit unterschiedlichen Blattfarben. Du kannst sie alle verwenden, denn sie besitzen die gleichen Wirkstoffe.

ACHTUNG!
Die Bonbons solltest du nur zusammen mit einem Erwachsenen herstellen, denn die Bonbonmasse wird beim Kochen extrem heiß.

Die Salbeibonbons schmecken nicht nur lecker, sie helfen auch bei Erkältung und Husten.

DAS BRAUCHST DU

1 Handvoll Salbeiblätter
100 g Zucker
weißen oder braunen
(alternativ: Birkenzucker)
1 Esslöffel Honig
1 Esslöffel Zitronensaft
Backpapier o. Ä.
etwas Puderzucker
evtl. Pralinenpapier
Glas mit
Schraubverschluss

Die heiße Bonbonmasse kann man auf Backpapier tropfen oder in kleine Förmchen aus Papier.

So fein wie möglich schneiden!

SO GEHST DU VOR

- Wasche die Salbeiblätter und hacke sie so fein wie möglich.
- Gib den Zucker zusammen mit zwei Esslöffeln Wasser in einen Topf und erhitze ihn auf kleinster Stufe.
- Der Zucker wird allmählich flüssig. Schwenke den Topf vorsichtig hin und her, damit die Masse nicht anbrennt.
- Wenn der Zucker flüssig ist und beginnt, braun zu werden, musst du den Topf vom Herd nehmen.
- Gib den Honig und den Zitronensaft in den Topf und verrühre alles.
- Zum Schluss gibst du die fein gehackten Salbeiblätter dazu.
- Breite ein Backpapier oder einen nachhaltigen Ersatz auf einem Backblech aus.
- Tropfe mit einem Löffel die heiße Bonbonmasse darauf. Du kannst auch etwas von der Masse in kleine Formen aus Pralinenpapier tropfen.
- Lass die Bonbons abkühlen und hart werden. Das kann ein paar Tage dauern.
- Wenn die Bonbons noch nicht völlig hart sind, kannst du versuchen, sie im Backpapier zu rollen.
- Wälze die Bonbons in etwas Puderzucker, damit sie nicht zusammenkleben.
- Bewahre die Salbeibonbons in einem Schraubglas auf.

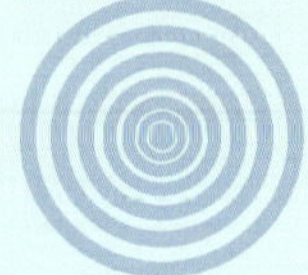

Herbst & Winter

HOLZ UND STÖCKCHEN

112 LUSTIGE STOCKFIGUREN
114 ASTSCHEIBEN ALS SCHLÜSSELANHÄNGER
116 KUNST AUS ZWEIGEN
118 WEIHNACHTSSCHMUCK MIT ZWEIGEN
120 SCHLÜSSEL-AST
122 MEMORY-SPIEL MIT BLÜTEN UND BLÄTTERN
124 KUGEL AUS WEIDENRUTEN

SAND UND STEINE

126 TEELICHTER AUS SAND
128 BEMALTE KIESELSTEINE
130 TIC-TAC-TOE AUS KIESELSTEINEN
132 KLEINE GESCHENKE AUS KIESELSTEINEN

Lustige Stockfiguren

Milla hat am Waldrand einen großen Holunderstrauch entdeckt und mit der Gartenschere ein Stück von einem fingerdicken Ast abgeschnitten. Daraus hat sie zwei witzige, knallbunte Stockfiguren gebastelt. Die Holunderzweige lassen sich leicht durchschneiden, denn sie haben innen ein weiches Mark. Wenn man möchte, kann man dieses Mark auch mit einem spitzen Werkzeug herausbohren und die hohlen Zweige weiterverarbeiten.

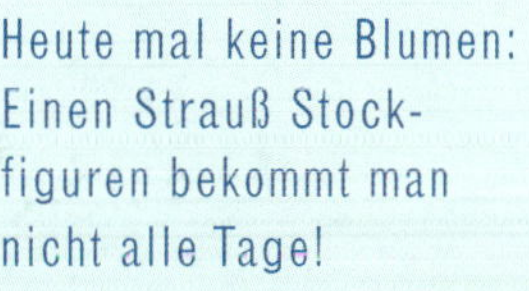

Heute mal keine Blumen: Einen Strauß Stockfiguren bekommt man nicht alle Tage!

Auch die Allerkleinster können schon tolle Stockmännchen bastel

Im Sommer und Herbst ist die Rinde ziemlich weich und man kann sie mühelos mit einem kleinen, glatten Küchenmesser abschälen. Auf jeden Fall sollte man die Rinde dort entfernen, wo man das Gesicht aufmalen möchte. Zum Bemalen eignen sich Acrylfarben, Marker oder Filzstifte.

Beim Abschälen kommt das schöne, helle Holz der Holunderzweige zum Vorschein. Belässt man etwas Rinde am Stock, sehen die Figuren natürlicher aus.
Man kann den Figuren die witzigsten Frisuren verpassen. Die meisten trockenen Pflanzen halten auch ohne Kleber, weil man sie einfach in das weiche Mark hineindrücken kann.

Astscheiben als Schlüsselanhänger

Aus großen und kleinen Astscheiben kann man viele schöne Dinge basteln. Solche gleichmäßig gesägten Scheiben findet man natürlich nicht im Wald, aber manchmal bekommt man sie als Restposten im Holzhandel. Oft kann man sie auch in Bastelläden kaufen.

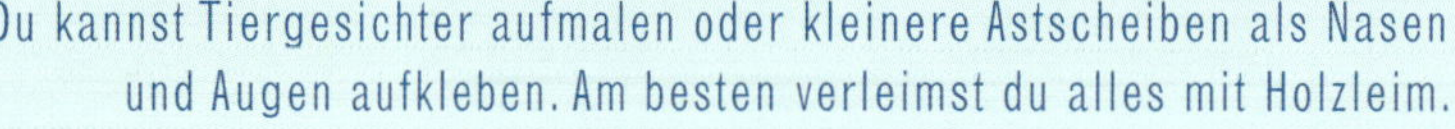

Du kannst Tiergesichter aufmalen oder kleinere Astscheiben als Nasen und Augen aufkleben. Am besten verleimst du alles mit Holzleim.

Du kannst auch Magneten auf die Rückseite der Astscheiben kleben. Dieser kleine Wicht hängt am Kühlschrank.

Besorg dir ein paar kleine Schraubhaken und bohre diese in die Astscheiben hinein. Mit doppelseitigem Klebeband kannst du die Scheiben auf glatte Untergründe kleben.

Kunst aus Zweigen

Aus Zweigen kannst du die interessantesten Kunstwerke basteln. Malik hat im Wald abgebrochene Zweige gesammelt und sie mit Schnur zusammengeknotet. Jeder Zweig ist anders, krumm oder gerade, glatt oder schrumpelig, und dennoch ergeben sie zusammen ein harmonisches Ganzes.

Milla wollte ihre Zweige lieber bunt gestalten. Sie hat alle Zweige mit Acrylfarben in ihren Lieblingstönen bemalt. Nachdem die Farbe getrocknet war, hat sie die Zweige in der Reihenfolge auf dem Tisch arrangiert, wie sie später hängen sollten. Verbunden hat sie die Zweige mit jeweils zwei bunten, langen Schnüren auf der linken und rechten Seite des Objekts. Mithilfe von Knoten auf beiden Seiten werden die Zweige an ihrem Platz gehalten.

SO GEHST DU VOR

- Schneide sechs gleich lange Zweige zu.
- Bemale die Zweige und lass sie trocknen.
- Lege aus den Zweigen zwei Dreiecke.
- Umwickele die Enden von je zwei Zweigen mit Faden oder Schnur.
- Lege die beiden Dreiecke so aufeinander, dass ein Stern entsteht.
- Umwickele die Zweige da, wo sie sich berühren, mit Faden und verknote die Fäden.
- Befestige einen Faden zum Aufhängen.

Kannst du erkennen, dass dieser bunt bemalte Stern aus zwei Dreiecken besteht? Ein außergewöhnlicher Weihnachtsschmuck!

Weihnachtsschmuck

mit Zweigen

Ein Weihnachtsbaum, der garantiert nicht nadelt! Du kannst ihn nirgendwo kaufen, aber stattdessen nach deinen eigenen Vorstellungen selbst basteln. Wenn du Heißkleber verwendest, um die Dekorationen anzubringen, kannst du deinen Baum jedes Jahr neu schmücken, denn dieser Klebstoff lässt sich vorsichtig wieder entfernen. Dein Baum soll leuchten wie ein richtiger Christbaum? Kein Problem: Befestige einfach eine Lichterkette an deinem Weihnachtsbaum!

Dieser Baum ist etwa 80 cm hoch.

SO GEHST DU VOR

- Suche im Wald nach abgebrochenen Zweigen.
- Lege die Zweige übereinander auf einen Tisch.
- Zeichne mit Kreide eine dreieckige Form auf die Zweige.
- Schneide die Zweige entsprechend den Kreidestrichen zu.
- Lege die Zweige in der richtigen Position auf den Tisch. Der längste liegt unten.
- Schneide zwei lange Stücke Schnur ab.
- Lege das eine Stück links und das andere rechts neben die Zweige.
- Beginne damit, den untersten Zweig an die rechte und linke Schnur zu knoten.
- Fahre mit dem nächsten Zweig fort und so weiter.
- Verknote über dem letzten Zweig die beiden Schnüre zum Aufhängen.

Nun kannst du den Baum mit deinen Naturschätzen schmucken: Geeignet sind Eichelhütchen, Sterne aus Orangenschalen, kleine Zapfen, trockene Beeren ... Du kannst auch wie hier gezeigt Weihnachtsmänner mit roten Mützen auf gepresstes Laub malen und anhängen. Viel Spaß beim Basteln und Erfinden!

Hier hat Milla zwei gleich lange Zweige etwa 15 cm über Kreuz gelegt und mit einem Fadenknoten verbunden. Danach hat sie das rote Band immer im Uhrzeigersinn darum herumgewickelt. Als das Band zu Ende war, hat sie mit einem weißen Band weitergewickelt. Zum Schluss hat sie Schnur verwendet.
Kreuze wie dieses nennt man auch „Auge Gottes“. Der Legende nach hat ein junger Vater in Mexiko ein solches Kreuz zum allerersten Mal geflochten, damit sein neugeborenes Kind von dem Auge beschützt wird.

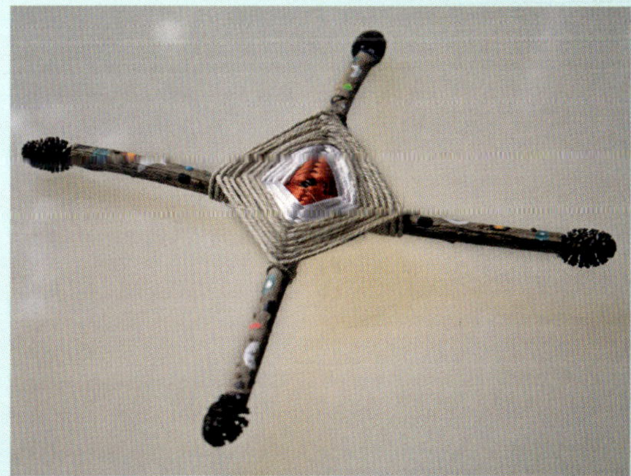

Schmuckideen für den Tannenbaum.

Schlüssel-Ast

Schlüssel sollten ihren festen Platz haben, damit man sie nicht lange suchen muss – beispielsweise an einem Ast wie diesem. Natürlich kann man wie Milla auch seine Lieblings-Bastelarbeiten dranhangen.

DAS BRAUCHST DU

Ast
evtl. kleine Bügelsäge
Schleifpapier
Kastanienbohrer
kleine Schraubhaken
Schnur

TIPP:
Du kannst deinen Ast auch anmalen oder mit bunten Fäden umwickeln.

SO GEHST DU VOR

- Reinige den Ast und säge ihn, wenn nötig, auf die passende Länge zu.
- Glätte die Enden mit Schleifpapier.
- Markiere mit einem Stift, wo die Schraubhaken sitzen sollen. Nun kannst du mit einem Kastanienbohrer kleine Löcher vorbohren, bevor du die Schraubhaken hineindrehst.
- Knote an beiden Enden des Astes eine Schnur zum Aufhängen.

Aus kleinen Aststücken des Holunders kannst du ebenfalls schöne Schlüsselanhänger basteln. Entferne hierfür mit einem Kastanienbohrer das weiche Mark im Inneren. Schäle mit einem kleinen Schnitzmesser Teile der Rinde ab und male das helle Holz mit Markern bunt an. Nimm eine Schnur und mache an einem Ende einen dicken Knoten. Fädle zunächst eine Perle auf, damit die Schnur später nicht einfach durchrutscht. Zieh die Schnur durch das Röhrchen und knote am anderen Ende einen kleinen Karabiner für Schlüssel an.

Aus kleinen Astscheiben kannst du schöne Schlüsselanhänger basteln. Male sie bunt an oder beschrifte sie. Bohre mit einem kleinen Holzbohrer ein Loch dicht am Rand und ziehe dort etwas Schnur zum Aufhängen durch.

Memory-Spiel mit Blüten und Blättern

Mit einem selbst gebastelten Memory aus Pflanzen zu spielen, macht riesigen Spaß. Plane für diese Bastelarbeit aber eine längere Vorbereitungszeit ein. Zuerst musst du draußen in der Natur Paare von Pflanzen sammeln, die so klein sind, dass sie auf die Kärtchen passen. Die Pflanzen werden dann ein bis zwei Wochen gepresst, damit sie sich später nicht wellen.

DAS BRAUCHST DU

Memory-Karten
aus Holz oder Pappe
Holz- oder Bastelleim
Borstenpinsel
Pinzette
Pflanzenpaare
gepresst

Suche immer zwei Blätter oder Blüten, die sich stark ähneln. Völlig identische Pflanzen wirst du in der Natur nicht finden.

SO GEHST DU VOR

- Streiche mit dem Pinsel richtig dick Leim auf die gesamte Kartenfläche.
- Lege die Pflanze mit der Pinzette vorsichtig in die Mitte der Karte und drücke sie fest an.
- Wische den überflüssigen Leim nicht ab, denn er trocknet transparent.
- Damit die aufgeklebten Pflanzen unempfindlicher werden, solltest du am nächsten Tag noch einmal dick Leim über die Karte und die Pflanze streichen.

Kugel aus Weidenruten

Malik möchte ausprobieren, wie man aus Weidenzweigen eine schöne Kugel bastelt. Frische Ruten sind sehr biegsam und werden vor allem zum Flechten von Körben verwendet.

Die fertige Weidenkugel

Malik hat mit etwas Schnur ein paar frische Weidenzweige zu einem großen Herzen zusammengebunden.

DAS BRAUCHST DU

frische Weidenruten
ein Bündel
Eisen- oder Bindedraht
geglüht

SO GEHST DU VOR

- Zuerst entfernst du alle Blätter.
- Lass jede Weidenrute vor dem Basteln mehrmals durch deine Hände gleiten und biege sie dabei rund.
- Erstelle zu Beginn ein festes Grundgerüst, damit die Kugel schön stabil wird. Forme dafür mindestens fünf gleich große Ringe.
- Füge die Ringe zusammen, indem du sie ineinandersteckst und zusammendrahtest.
- Nun kannst du die übrigen Weidenruten nacheinander in das Grundgerüst schieben. Arbeite jede Rute so lange ins Grundgerüst ein, bis sie sich mit ihrer gesamten Länge in der Kugel befindet.
- Wenn nötig, kannst du etwas Draht verwenden, um die Ruten zu befestigen.
- Du solltest so lange Ruten einflechten, bis die Kugel möglichst rund und dicht gefüllt ist.

Im Winter, wenn es draußen keine Blumen gibt, kannst du ein paar getrocknete Blumen oder Kräuter in deine Kugel stecken.
«

Teelichter aus Sand

Die Teelichter wecken viele Erinnerungen an das Meer oder den Wald.

Auch hier wurde der Sand mit Bastelleim vermischt. Dann wurde die Mischung in die Glasdeckel von Weckgläsern gegeben, in den Deckeln geformt und mit vielen kleinen Schätzen aus der Natur verziert.

Macht ihr auch manchmal Urlaub am Meer?
Denke beim nächsten Mal daran, für deine Teelichter aus Sand kleine Muscheln zu sammeln!

DAS BRAUCHST DU

Sand (etwa eine Tasse voll)
Bastelleim
2 kleine Stücke recycelbare Folie
Teller
kleines Glas
kleine Muscheln

SO GEHST DU VOR

- Vermische etwa eine halbe Tasse Sand mit Bastelleim. Füge den Leim allmählich mit einem kleinen Löffel hinzu und rühre immer wieder um. Die Masse darf nicht zu flüssig werden, sondern es muss ein sehr fester Brei entstehen, den man gut formen kann.
- Forme den Brei zwischen den Handflächen zu einer Kugel.
- Lege die Kugel auf einen Teller, den du mit einer Folie bedeckst.
- Breite die zweite Folie über die Kugel.
- Drücke vorsichtig den glatten Boden eines kleinen Glases in die Mitte der Kugel. Damit das Teelicht später hineinpasst, muss der Durchmesser des Glases etwas größer sein als der Durchmesser des Teelichts.
- Entferne die Folie von der Sandform.
- Drücke vorsichtig deine Muscheln in den Leimsand.
- Lass das Ganze auf der Folie ein paar Tage trocknen. Am Ende wird der Sand so hart wie Stein und die Muscheln haften fest darin.

Bemalte Kieselsteine

Jeder kleine Kieselstein ist ein uraltes Kunstwerk, das Sonne, Wasser, Wind und andere Kräfte über Millionen von Jahren geformt haben. Du kannst die Schönheit der Steine noch betonen, indem du sie bemalst und in lustige Fantasiewesen verwandelst.

Malik hat für seine Steine nur drei Marker gebraucht – in Schwarz, Weiß und Rot.

Ein buntes Stein-Sammelsurium!

Lio und Joon haben die großen Kiesel zuerst mit weißer Wandfarbe angemalt, damit die bunten Farben später stärker leuchten. Jetzt malen sie bunte Flecken mit Fingerfarben auf die Steine.

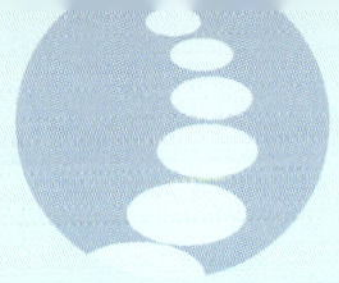

Tic-Tac-Toe aus Kieselsteinen

Das Spiel Tic-Tac-Toe oder „Drei gewinnt" ist bei Kindern in aller Welt bekannt und beliebt. Es ist schon Hunderte von Jahren alt; bereits die alten Römer haben es mit Kieselsteinen gespielt. Ob die Römer auch so tolle Spielsteine hatten wie du? Auf gar keinen Fall!

In welches Bettchen aus Gras wird Milla jetzt ihr müdes Tierchen legen?

Milla hat die Kieselsteine zuerst mit weißer Acrylfarbe angemalt. Dann hat sie die Steine mit Grün und Pink bemalt (auch auf der Unterseite) und die weißen Gesichter ausgespart. Zuletzt hat sie die Gesichter mit einem schwarzen Marker gezeichnet.

Spielanleitung

Es ist ein Spiel für zwei Personen.
Jede Person erhält fünf Steine in einer Farbe.
Wer beginnt, wird ausgeknobelt.
Beide setzen abwechselnd ihren Stein in die freien Kästchen des Spielfelds.
Ziel ist es, drei Steine in einer Reihe, in einer Spalte oder einer Diagonale zu setzen.
Wem das zuerst gelingt, hat gewonnen.

Milla hat als Spielbrett eine Baumscheibe besorgt, aber einfacher ist es, wenn du eine stabile Pappe nimmst. Das kann auch die Wellpappe von einer Verpackung sein. Zeichne darauf mit einem Lineal neun gleichmäßige Quadrate. Drei gewinnt!

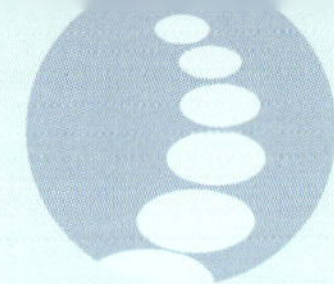

Kleine Geschenke aus Kieselsteinen

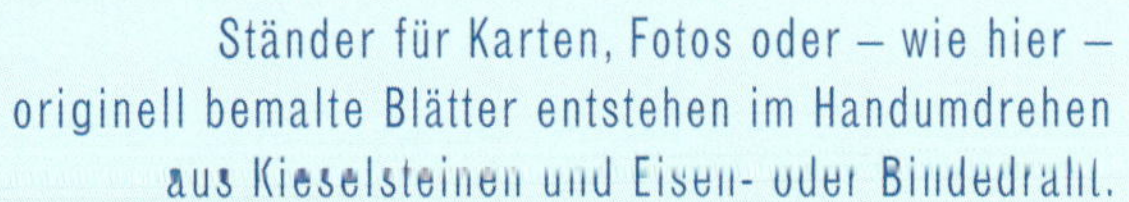

Ständer für Karten, Fotos oder – wie hier – originell bemalte Blätter entstehen im Handumdrehen aus Kieselsteinen und Eisen- oder Bindedraht.

Birkenrinde mit zwei Klammerknirpsen (siehe Seite 144).

SO GEHST DU VOR

- Schneide einen Draht von etwa einem Meter Länge zu.
- Biege den Draht leicht in der Mitte und lege den Kieselstein so darauf, dass die Seite des Steins, die später unten liegen soll, oben liegt. Der Draht wird im Folgenden so um den Stein geführt, als würdest du ein Geschenk mit einem Geschenkband einbinden.
- Führe die beiden Seiten des Drahtes um den Stein herum auf die oben liegende Seite des Steins bis in die Mitte.
- Verdrehe hier die beiden Drähte und biege sie so um den Stein, dass ein Kreuz entsteht.
- Führe die Drähte auf die Unterseite des Steins und drehe diese dabei nach oben.
- Ziehe nun beide Drähte in der Mitte unter dem dort liegenden Draht hindurch und führe sie zusammen, indem du sie einmal miteinander verdrehst.
- Nun verdrillst du die beiden Drähte viele Male und bildest so den Ständer. Erscheint er dir lang genug, kannst du die Drähte abschneiden.
- Forme aus den Drahtenden eine kleine Spirale mit zwei Windungen. Stecke eine Postkarte probehalber zwischen die Drahtwindungen und teste, ob der Ständer funktioniert. Falls nicht, verändere die Position oder die Größe der Windungen.

Suche ein paar glatte Kieselsteine mit geeigneten Formen. Bemale sie zuerst mit weißer Acrylfarbe. Male sie dann grün an und ergänze mit Acrylfarben oder Markern Kakteenblüten und Kaktusstacheln. Fülle Sand in einen kleinen Blumentopf und lege deine Steine darauf – ein tolles Geschenk für Kakteenfreunde!

Zu jeder Jahreszeit

136 KÖRNERSNACKS FÜR VÖGEL
138 NATÜRLICH VERPACKT
142 ANHÄNGER FÜR NATURGESCHENKE
144 KNIRPSE AUS WÄSCHEKLAMMERN
148 INSEKTENHOTEL AUS MILCHKARTON
150 BUNTE OBSTNETZE
152 VERRÜCKTE NASENTIERE

156 **NATURKARTEN**
158 **WEISS AUF SCHWARZ**
160 **KLEINE COLLAGEN AUF LEINWAND**
162 **SPIEGEL UND KERZEN MIT PFLANZENSCHMUCK**
164 **SCHÖNE PAPIERSCHALEN**
168 **NATUR AUF WELLPAPPE**
170 **STOFFE MIT PFLANZEN FÄRBEN**

Körnersnacks für Vögel

Leckere Snacks für Vögel lassen sich sie sehr gut in Gugelhupfförmchen aus Silikon gießen. Silikonformen sind weich und haben den Vorteil, dass man die fertigen Körnersnacks mühelos herauslösen kann. Aber du kannst natürlich auch Förmchen aus einem anderen Material verwenden.

DAS BRAUCHST DU

kleine Gugelhupf-Backformen
Körner wie Hirse, Sonnenblumen, Erdnüsse, Leinsamen Haferflocken ...
Kokosfett
Topf
Schnur

Die kleinen Gugelhupfe lassen sich sehr gut aus den Silikonformen herauspellen.

SO GEHST DU VOR

- Verteile die Körnermischung in die Förmchen bis knapp unter den Rand.
- Erhitze das Kokosfett in einem kleinen Topf, bis es flüssig ist.
- Gieße das flüssige Fett in die Förmchen. Die Körner sollen damit bedeckt sein.
- Lass die Snacks aushärten.
- Stülpe die Förmchen um und löse die Snacks heraus. Hänge sie an einer Schnur draußen auf.

Malik hängt die Körnersnacks schon im Herbst auf, denn manchmal finden die Wildvögel nicht genügend Insekten. Er hat einen schönen, schattigen Platz am Stadtwald gefunden. Es ist wichtig, dass man das Futter nicht in die Sonne hängt, weil das Kokosfett sonst schmelzen kann.

Natürlich verpackt

Mit deinen gesammelten Schätzen aus der Natur und verschiedenen Altpapieren oder alten Baumwollstoffen kannst du die tollsten Verpackungen herstellen. Am besten legst du dir eine Sammlung von alten Schnüren und Bändern, gebrauchten Geschenkpapieren, bunten Tüchern und allerlei nettem Schnickschnack an. So schonst du die Umwelt und hast Spaß beim Verpacken, ohne einen einzigen Cent ausgeben zu müssen.

Auch schöne, große Blätter eignen sich als Verpackungsmaterial.
«

Wickle dein Geschenk in ein Stück Stoff ein und schmücke das Ganze beispielsweise mit einem bemalten Tomatenstiel oder einem Kränzchen aus Binsengras.

Mit einer alten Zwiebel kannst du Geschenkpapier bedrucken (siehe Seite 80). Lege noch einen Trockenstrauß dazu oder befestige einen beschrifteten Geschenkanhänger mithilfe eines Klammerknirpses (siehe Seite 144).

Du kannst auch eine Butterbrottüte mit Blütenblättern bemalen und einen Anhänger aus Birkenrinde am Geschenk befestigen.

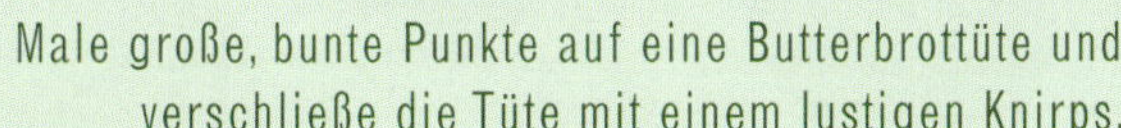

Male große, bunte Punkte auf eine Butterbrottüte und verschließe die Tüte mit einem lustigen Knirps.

Auch eine super Verpackungsidee: Zeitungspapier mehrfach mit bunten Fäden verschnüren und selbst gemachte Anhänger aus Modelliermasse (siehe Seite 102) an den Fäden befestigen.

Mit einem Bleistift oder mit Buntstiften kannst du Blätter abreiben. Leg das Blatt einfach unter das Papier und zeichne mit dem Stift gleichmäßig darüber. Dieses Verfahren nennt man Frottage.

Anhänger für Naturgeschenke

Du kannst Anhänger aus altem Papier oder Karton ausschneiden und mit gepressten Pflanzen bekleben. Hier siehst du verschiedene Rechtecke, aber natürlich kannst du auch andere Formen ausschneiden, z. B. Herzen, Blumen oder Sterne. Knipse mit dem Locher oben in der Mitte ein Loch und befestige eine kleine Schnur zum Aufhängen.

Anhänger aus Modelliermasse machen dein Geschenk zu etwas ganz Besonderem. Rolle die Modelliermasse mit einer Nudelrolle aus und benutze zum Ausstechen Förmchen in verschiedenen Größen (siehe Seite 102). Mit diesen Anhängern lassen sich nicht nur Geschenkverpackungen verschönern, sondern auch Sträuße aus Zweigen dekorieren. Auch ein buntes Mobile lässt sich mit Anhängern gestalten.

Anhänger aus Birkenrinde: Auf der glatten Rinde kannst du mit feinen Markern zeichnen und auch schreiben. Stich mit einer dicken Stopfnadel vorsichtig ein kleines Loch für die Aufhängeschnur durch die obere Mitte. Knallige Neonfarben bilden einen schönen Kontrast zur grau-weißen Rinde.

Knirpse aus Wäscheklammern

Die lustigen, bunten Knirpse aus Wäscheklammern sind wahre Alleskönner: Sie verschließen die angebrochenen Mehl- und Zuckertüten, schmücken die Geschenke oder klammern sich einfach frech an dies und das. Mit ihren witzigen Gesichtern und komischen Frisuren verbreiten sie richtig gute Laune.

Das ist die grüne Familie Gras. Die klitzekleinen Zähnchen kannst du mit einem Zahnstocher malen. Dafür einfach die Spitze des Zahnstochers in weiße Acrylfarbe tauchen.

Holzklammern gibt es in verschiedenen Größen – perfekt, um Kinder und Erwachsene daraus zu basteln!

Die Knirpse klammern sich gerne auch mal an einem Ohr fest.

Die Frisuren sollten aus trockenem Naturmaterial gebastelt werden, dann halten sie ewig. Du kannst sie mit Bastelkleber befestigen.

Geklammert an einen Zweig, stehen die kleinen Knirpse aufrecht, ohne umzufallen, und ergeben eine hübsche Tischdekoration.

Die Knirpse verschließen angebrochene Tüten und schmücken Geschenke.

Insektenhotel aus Milchkarton

Es gibt viele Insekten, die sich in Hohlräumen zwischen Steinen und Hölzern, in der Erde oder unter Laub verkriechen, wenn sie Schutz brauchen oder brüten wollen. Leider finden sie in der Natur immer weniger Schlupfwinkel. Ein Insektenhotel, gefüllt mit Naturmaterial, bietet allen Insekten Unterschlupf, die das jeweilige Material mögen.

Als Außenhülle kannst du einen Milchkarton verwenden – eine tolle Recyclingidee, die gut funktioniert! Milchkartons sind wasserdicht, deshalb weicht das Hotel bei Regen nicht auf.

DAS BRAUCHST DU

sauberen Milchkarton

Skalpell oder Teppichmesser

wetterfeste Farbe

z. B. Kreidefarbe

Pinsel

Lineal, Stift, Schere

Holzleim, Bastelleim oder Heißkleber

Zweige für das Dach

Für die Klebearbeiten solltest du Heißkleber einsetzen. Dieser ist für Tiere am wenigsten schädlich.
«

SO GEHST DU VOR

- Reinige und trockne einen leeren Milchkarton.
- Entferne den Ausguss aus Plastik mithilfe eines Skalpells.
- Bemale den Karton mit einer gut deckenden Farbe, z. B. mit Acryl- oder Kreidefarbe.
- Wenn die Farbe getrocknet ist, zeichnest du die Öffnungen an. Orientiere dich an dem Foto auf der linken Seite. Nimm eventuell ein Lineal zu Hilfe.
- Schneide die Öffnungen mit dem Skalpell aus.
- Schneide die Zweige für das Dach passend zu und klebe sie am besten mit Heißkleber fest.
- Fülle das Hotel mit deinen gesammelten Naturmaterialien.

Insekten lieben Wärme. Stelle darum dein Hotel an einen Platz, der möglichst den ganzen Tag von der Sonne beschienen wird. Ideal ist eine warme Hauswand oder ein geschützter Balkon, wo das Hotel nicht dem Regen und Wind ausgesetzt wird.

Naturmaterialien für das Insektenhotel

Wildbienen krabbeln gerne in Röhren aus Bambus, Schilf oder anderen Pflanzen, die hohle Stängel haben. Du kannst beispielsweise getrocknete Stängel vom **Japanischen Knöterich** (siehe Seite 44) oder vom **Wiesen-Bärenklau** (siehe Seite 58) verwenden. Manche Insekten mögen **Holunderzweige** mitsamt dem Mark im Inneren, während andere ausgehöhlte, getrocknete Holunderzweige bevorzugen. Ohrwürmer schützen die Obstbäume vor Läusen. Sie fühlen sich in **Heu** oder **Stroh** sehr wohl. Holzwolle und **Papierschnipsel** bieten Wärme für Marienkäfer, Florfliegen oder Schlupfwespen. **Zapfen** von **Fichten** und **Kiefern** bieten ebenfalls Platz zum Verkriechen und Brüten.

Bunte Obstnetze

Millas Mutter hat im Sommer Geburtstag und Milla hat sich ein wunderschönes Geschenk ausgedacht. Anstatt einen Blumenstrauß zu verschenken, hat sie einfach ein paar Wildblumenblüten in Obstnetze gesteckt.

Ines will ihre selbst gebastelten Naturschälchen in bunten Obstnetzen verschenken.

Das Netz diente vorher als Verpackung für Obst. Milla hat den roten Beutel oben und unten mit einer Haushaltsschere gerade abgeschnitten. So entstand eine breite Schlaufe aus Netzmaterial. Anschließend hat Milla an den geschlossenen Seiten passend zugeschnittene Äste in die Netzschlaufe geschoben, an einem der Äste eine Schnur zum Aufhängen befestigt und das Netz in den Holunderbusch gehängt. So konnte sie die Stängel der Blüten problemlos in die Netzmaschen stecken. Das Schöne an diesem kleinen Kunstwerk ist, dass man die Blüten so, wie sie sind, auch trocknen kann. Und das Ganze sieht nach Wochen immer noch hübsch aus.
Das gelbe Obstnetz wird nur oben aufgeschnitten. Dann steckt man zwei kleine Äste so zwischen die Netzmaschen, dass das Netz gerade hängt. Nun kann man steife Grashalme (oder Strohhalme) kreuz und quer durch das Netz schieben. Mit Gänseblümchen, Kleeblüten, Butterblumen und Walderdbeeren dekoriert, wirkt das ganz besonders schön.

Toller Kopfputz aus einem Obstnetz (siehe Stockfiguren auf Seite 112).

Verrückte Nasentiere

Wirf leere Eierkartons aus Pappe keinesfalls weg, denn sie eignen sich wunderbar zum Basteln!
Besonders lustig sehen Millas Fantasietiere aus mit ihren megalangen Nasen und den Ohren aus Ahornsamen. Sie hat sie auf kleine, runde Pappscheiben geklebt, um sie aufhängen zu können.

Dieses Nasentier trägt ein leeres Grasnest auf seinem Rücken und wartet darauf, dass es gefüllt wird.

Auf ihren Rücken haben diese komischen Nasentiere genügend Platz, um allerlei Dinge zu transportieren. Die Körper bestehen aus kleinen Obst- oder Eierkartons. Als Beine dienen jeweils vier Wäscheklammern.

Ben hat ein Fantasietier gebastelt und auf eine schwarze Leinwand (20 x 20 cm) geklebt. Ein paar Grasrispen imitieren das Fell und zwei große, gepresste Blätter dienen als Ohren.

Diese Tiere haben im Wald ein paar schöne Naturschätze gesammelt.

Maliks Nasentier hat einen halben Milchkarton als Körper, der schwarz angemalt wurde. Alle möglichen Dinge lassen sich darin aufbewahren. Man könnte sogar frische Blumen hineinstellen, denn Milchkartons sind wasserdicht.

Naturkarten

Wenn du ein paar schöne Naturkarten zum Verschenken basteln möchtest, solltest du im Frühling und Sommer einen Vorrat an kleinen Pflanzen trocknen und pressen.
Zu bunten, zarten Blütenblättern passen Wasserfarben recht gut. Male immer zuerst und klebe die Pflanzen anschließend mit Bastelkleber auf die getrocknete Malerei – nicht umgekehrt!

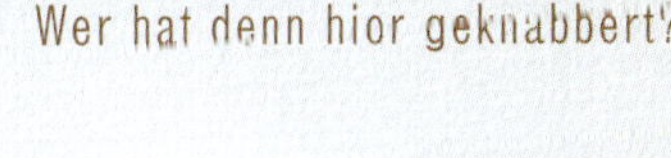

Die Flöhe und die Wanzen
Gehören auch zum Ganzen.

johann wolfgang von Goethe

Weiß auf Schwarz

Diese ungewöhnlichen Bilder bestehen überwiegend aus regelmäßigen Linien, Punkten und kurzen Strichen, die man in dichten Abständen auf schwarzes Papier zeichnet. Da das Zeichnen etwas Konzentration und Geduld erfordert, ist dieses Thema eher für ältere Kinder geeignet. Bevor du mit teurem Tonpapier loslegst, empfehle ich dir, das Ganze erst einmal auf einfachem weißem Papier mit dunklen Stiften auszuprobieren.

DAS BRAUCHST DU

schwarzes Tonpapier
oder Tonkarton
gepresste Blätter
und/oder Blüten
Bastelleim oder Bastelkleber
Marker in hellen Farben,
auch Metallic-Marker

SO GEHST DU VOR

- Klebe ein Blatt in die Mitte des Papiers.
- Beginne nun, mit einem Marker eine Linie um das Blatt zu zeichnen.
- Zeichne dann in möglichst gleichem Abstand eine zweite Linie, anschließend eine dritte und so weiter.
- Du kannst das Umrahmen des Blattes jederzeit unterbrechen und die schwarzen Flächen mit Punkten oder Strichen ausfüllen.
- Wenn du einmal den Bogen raushast, wirst du sehen, dass das Zeichnen sehr viel Spaß macht.

Für ein Gesicht legst du zuerst die Augen, die Nase und den Mund aus gepressten Blättern. Bist du mit der Anordnung zufrieden, klebst du die Blätter mit Bastelleim auf das Tonpapier. Erst dann beginnst du damit, die Blätter mit Linien zu umfahren.

Damit die Abstände der Linien einigermaßen gleichmäßig werden, brauchst du etwas Geduld und eine ruhige Hand.

Kleine Collagen auf Leinwand

Für diese schönen Collagen wurden zunächst kleine Leinwände mit Acrylfarben bemalt und erst nach dem Trocknen der Farbe mit Pflanzen beklebt. Statt auf Leinwand kannst du auch auf Karton, Wellpappe oder Holzplatten malen.

Auch bei diesen superkleinen Leinwänden wurden die pastelligen Farben zuvor mit einem Spachtel aufgetragen. Gib verschiedene kleine Farbkleckse auf die Leinwand und verstreiche sie. Verwende viel Weiß.

DAS BRAUCHST DU

kleine Leinwand, 20 x 20 cm
(alternativ: Pappe oder Holzplatte)
helle Acrylfarbe
breiten Malerpinsel
Bastelleim
gepresste Pflanzen
Pinzette

Verteile helle Acrylfarbe mit einem Spachtel oder einem breiten Malerpinsel auf einer kleinen Leinwand (20 x 20 cm). Durch einen ungleichmäßigen Farbauftrag wird die Fläche lebendiger. Wenn du später getrocknete Blätter aufkleben möchtest, eignen sich insbesondere Orange-, Gelb- und Rosatöne. Mit Weiß kannst du die Farbtöne aufhellen.

Wenn die Acrylfarbe getrocknet ist, kannst du das Acrylbild dick mit Bastelleim einstreichen. Dann legst du die Pflanzen mit einer Pinzette darauf und drückst sie gut fest. Den überschüssigen Leim brauchst du nicht zu entfernen, denn er trocknet transparent.

Spiegel und Kerzen mit Pflanzenschmuck

Für diesen besonderen Wandspiegel solltest du mindestens eine Woche, bevor du zu basteln beginnst, verschiedene Blätter sammeln und pressen.

DAS BRAUCHST DU

FÜR DEN SPIEGEL

kleinen Spiegel
dicke Wellpappe
Schere
schwarze Acrylfarbe
breiten Pinsel
getrocknete Blätter
Holzleim
Hanfschnur
Kreppband

SO GEHST DU VOR

- Schneide ein Stück Wellpappe zu, abgestimmt auf die Größe deines Spiegels.
- Male die Pappe schwarz an und lass die Farbe trocknen.
- Klebe den Spiegel in die Mitte.
- Klebe die Blätter mit Holzleim darum herum. Streiche dafür die gesamte Wellpappe mit Holzleim ein, verteile die Blätter darauf und drücke sie fest. Der Holzleim trocknet transparent.
- Klebe Hanfschnur um den Spiegel und um den Rand der Wellpappe.
  Auf der Rückseite befestigst du mit Kreppband ein Stück Schnur zum Aufhängen.

DAS BRAUCHST DU

FÜR DIE KERZEN

helle Stumpenkerze
Föhn
gepresste Pflanzen
Backpapier

Um die dicken Stumpenkerzen mit gepressten Pflanzen verzieren zu können, werden die Kerzen an der Außenseite erwärmt. Man braucht viel Fingerspitzengefühl und muss außerdem mit einem Föhn hantieren, weshalb diese Bastelarbeit nur ältere Kinder ausführen sollten.

SO GEHST DU VOR

- Lege die Kerze auf einen abgedeckten Tisch (nicht stellen!).
- Lege zwei Löffel oder etwas Ähnliches rechts und links neben die Kerze, damit sie nicht wegrollt.
- Erwärme die Kerze mit dem Föhn vorsichtig an der Oberseite. Lass den Föhn dabei nur kurz auf kleiner Stufe laufen.
- Fühle sanft mit dem Finger, ob die Oberfläche der Kerze klebrig und etwas weich geworden ist.
- Ist das der Fall, drücke eine Pflanze behutsam auf die Kerze.
- Lege Backpapier über die mit der Pflanze verzierte Stelle und streiche fest darüber, um die Pflanze dauerhaft auf dem Wachs zu befestigen.
- Wiederhole den Vorgang, um weitere Pflanzen auf der Kerze zu platzieren.

Schöne Papierschalen

Aus Toilettenpapier kannst du wunderschöne Schalen in vielen Größen gestalten. Sie lassen sich anschließend noch bekleben oder bunt bemalen. Aber auch der natürliche Weißton des Papiers sieht hübsch aus im Kontrast zu den duftenden Blüten, die auf den Schalen trocknen.
Du kannst für dieses Projekt sehr gut ein die Umwelt schonendes Recycling-Toilettenpapier verwenden. Wenn man es in Wasser einweicht und mit den Händen zerkleinert, erhält man einen Faserbrei, auch Pulpe genannt. Diese Pulpe ist das Ausgangsmaterial für viele zauberhafte Dinge.

TIPP:

In die noch feuchte Schale kannst du auch getrocknete Blätter oder Blütenblätter hineindrücken. Die lassen sich aber auch später mit Bastelleim auf die trockene Schale kleben.

Blüten trocknen in den runden Schälchen sehr gut.

Den Papierbrei gleichmäßig in einem Küchensieb verteilen.

SO GEHST DU VOR

- Lege eine Rolle Toilettenpapier inklusive Papprolle in einen kleinen Eimer.
- Gieße lauwarmes Wasser darauf, sodass das Papier gut bedeckt ist.
- Entferne dann die Papprolle und lass das Ganze etwa eine Stunde einweichen.
- Zerkleinere das Papier gründlich mit den Händen. Wenn der Brei sehr zäh ist, füge noch etwas Wasser hinzu.
- Du kannst jetzt auch einen Esslöffel Speisestärke hinzugeben – so wird dein Schälchen später noch stabiler. Aber es geht auch ohne.
- Mit einem Mixer wird die Pulpe nun noch feiner püriert. Auf diese Weise wird das Schälchen später noch ebenmäßiger.
- Gib anschließend etwa zwei bis drei Handvoll Pulpe in ein Metallsieb und verteile sie gleichmäßig mit den Händen unten im Sieb. Je höher du die Pulpe im Sieb aufschichtest, desto dicker wird die Wandung deines Schälchens.
- Nun presst du mit der Hand oder einem Löffel das Wasser aus der Pulpe.
- Es dauert ein bisschen, bis du ein Gefühl für die Pulpe bekommst. Solltest du es beim ersten Mal nicht schaffen, die Pulpe gleichmäßig im Sieb zu verteilen, gib sie zurück ins Wasser und fang noch mal von vorne an.
- Das Schälchen gelingt häufig besser, wenn es nicht zu hoch ist. Belege also nur einen Teil des Siebs mit der Pulpe und nicht die gesamte Höhe bis zum Rand.
- Wenn du das Wasser herausgepresst hast, stellst du das Sieb an einen möglichst warmen Ort, damit es trocknen kann.
- Ist die Schale nach einigen Tagen getrocknet, kann man sie vorsichtig herauslösen.

Die getrocknete Schale kannst du dick mit Bastelleim bestreichen und gepresste Pflanzen hineindrücken. Der Leim trocknet transparent ein und macht die Schale zusätzlich stabiler und glatter.

DAS BRAUCHST DU

1 Rolle Toilettenpapier
kleinen Eimer
Wasser
Mixer
evtl. Speisestärke
Metallsieb

Wer möchte, kann die getrockneten Schälchen auch mit Acrylfarben bemalen.

Natur auf Wellpappe

Wellpappe hat nur wenig Gewicht und ist dennoch sehr stabil – ein tolles Material für viele Bastelarbeiten! Sammle alte Pappen von Verpackungen – dann kostet dich das Ganze keinen Cent und du schonst die Umwelt, indem du diese Altpapiere wiederverwertest.

DAS BRAUCHST DU

Wellpappe
Bleistift
Schere
evtl. Acrylfarbe
weißes Papier
Bastelkleber
gepresste Pflanzen

Zeichne ein großes Herz auf eine Wellpappe, schneide es aus und bemale es. Klebe ein paar gepresste Blüten darauf. Mit einer Heißklebepistole befestigst du getrocknete Gräser und eine Schnur zum Aufhängen auf der Rückseite.

Eine beliebige Form (z. B. ein Herz, einen Kreis, ein Blatt, ein Oval, ein Viereck) aus Wellpappe mit etwas Abstand zum Rand mit Löchern versehen und anschließend kreuz und quer Fäden oder Schnüre spannen. Die frischen Blüten einstecken und auf der Pappe trocknen lassen.

Rehkopf

Zeichne einen Rehkopf ohne Ohren auf eine Wellpappe, schneide ihn aus und bemale ihn. Klebe zwei möglichst stabile gepresste Blätter als Ohren auf. Mit einer Heißklebepistole klebst du zum Schluss zwei Zweige als Geweih und eine Schnur zum Aufhängen auf die Rückseite.

Du kannst den Rehkopf auch als Maske gestalten und beim nächsten Karneval tragen.

Stoffe mit Pflanzen färben

Deine abgetragenen weißen T-Shirts bekommen einen völlig neuen Look, wenn du sie mit Pflanzen einfärbst. Hast du Zwiebeln oder Kurkumagewürz zur Hand? Dann kann's sofort losgehen!

Ines hat für ihren kleinen Bruder ein altes, weißes T-Shirt mit einem Esslöffel Kurkumapulver gefärbt. Sie hat einen Zipfel teilweise mit Schnur abgebunden, wodurch ein weißer Ring entstanden ist. Dann hat sie ein paar Blätter und Blütenblätter um den Ring abgedruckt. Wie das geht, erfährst du auf Seite 52.

WICHTIG:

Das beschriebene Verfahren funktioniert nur bei bereits gewaschenen oder getragenen Baumwollstoffen, nicht bei neuen.

Auf den Probestücken aus weißer Baumwolle kannst du sehen, welche Farbtöne man mit roten Zwiebeln, roten Geranienblüten und Kurkumapulver erhält. Wenn man den Stoff zu einem Zipfel zusammenrafft und diesen vollständig mit Schnur abbindet, entstehen weiße, runde Formen auf dem Stoff. Wickelt man die Schnur nur um einen Teil des Zipfels, zeigt sich nach dem Färben ein weißer Ring auf der eingefärbten Baumwolle.

SO GEHST DU VOR

- Wenn eine runde Form beim Färben ausgespart werden soll, bindest du einen Zipfel des Baumwollstoffs mit Schnur fest ab. Da, wo die Schnur ist, bleibt die Baumwolle weiß.
- Lege den Baumwollstoff (oder das T-Shirt) in einen Topf und gieße so viel Wasser darauf, dass der Stoff gut bedeckt ist und im Wasser schwimmt.
- Füge dann die Pflanzenteile hinzu. Der Farbton wird umso intensiver, je mehr färbende Pflanzen du mit der Baumwolle ins Wasser gibst.
- Jetzt musst du dein Färbestück etwa ein bis zwei Stunden leicht kocheln lassen, anschließend trocknen lassen und fertig!

Ines hat ihrem Bruder gezeigt, wie die getrockneten Wurzeln aussehen, aus denen man das gelbe Kurkumapulver macht. „Wie kleine Krokodile!", hat ihr Bruder lachend gerufen. Und sie haben zusammen mit Filzstift winzige Augen und Mäuler auf die Kurkumawurzeln gemalt.

Vorlagen für Wichtel

Die Autorin

Helena Arendt studierte Kunst und Kunstpädagogik und arbeitete viele Jahre als Kunstpädagogin mit Kindern und Erwachsenen. Seit 1992 ist sie freischaffende Künstlerin und Fotografin in Deutschland und auf La Palma. Der Schwerpunkt ihrer Arbeit ist die Natur und ein nachhaltiger Umgang mit ihr. In ihren zahlreichen Ausstellungen geht es um Themen wie Pflanzenfarben, natürliche Malmittel, Darstellung und Gestaltung von Natur.

Ihre Bücher richten sich insbesondere an Kinder, um diesen eine emotionale Sichtweise auf unsere gefährdete Natur zu vermitteln. Nur wer die Natur kennt, weiß sie zu beschützen.
@arendthelena.

Unsere Buchhinweise

Haupt ist ein unabhängiger Verlag, der sich vor allem auf die Themengebiete Garten & Natur und Gestalten & Design spezialisiert hat. Auf diesen Seiten empfehlen wir Ihnen weitere ausgewählte Titel aus unserem Programm, unser aktuelles Gesamtverzeichnis finden Sie auf **www.haupt.ch.**

Helena Arendt
Naturgeschenke
100 Ideen zum Gestalten mit Kindern
2. Auflage 2023
232 Seiten, durchgehend farbig fotografiert, Hardcover
ISBN 978-3-258-60273-8

Helena Arendt
Entdecke die Farben der Natur
Das Werkstattbuch für Kinder
2. Auflage 2011
158 Seiten, durchgehend farbige Fotografien, Softcover mit Klappen
ISBN 978-3-258-60043-7

Nick Neddo
Malwerkstatt Natur für Kinder
Stifte, Farben, Stempel und mehr
aus Naturmaterialien
1. Auflage 2022
160 Seiten, durchgehend farbige Illustrationen
und Fotografien, Softcover mit Klappen
ISBN 978-3-258-60250-9

Antje Rittermann / Susann Rittermann
Werkstatt Holz
Techniken und Projekte für Kinder
2. Auflage 2023. 208 Seiten,
durchgehend farbige
Illustrationen und Fotografien,
Hardcover
ISBN 978-3-258-60274-5

Katrin Regelski
Werkstatt Skulptur
Gestalten mit Ton, Stein, Gips, Papier,
Metall und Holz
1. Auflage 2017
184 Seiten, durchgehend farbige Fotografien,
Softcover mit Klappen
ISBN 978-3-258-60156-4

Antje Rittermann / Susann Rittermann
Alles Holz
Techniken und Projekte für Kinder
1. Auflage 2022, 160 Seiten,
durchgehend farbige Fotos und Illustrationen,
Hardcover
ISBN 978-3-258-60247-9

1. Auflage 2023

ISBN 978-3-258-60265-3

Umschlag, Gestaltung und Satz:
Diana Dörfl, dörfl-multivitamine, D-Konstanz,
www.doerfl-multivitamine.de
Fotografien: Helena Arendt, D-Münster
Lektorat: Eva Hauck/der springende punkt, D-Berlin,
www.derspringendepunkt.de

llustration unten: shutterstock, Huza Studio

Gedruckt in Slowenien

Wir verwenden FSC®-zertifiziertes-Papier.
FSC® sichert die Nutzung der Wälder gemäß sozialen, ökonomischen und ökologischen Kriterien.

Sie möchten nichts mehr verpassen?

Folgen Sie uns auf unseren Social-Media-Kanälen und bleiben Sie via Newsletter auf dem neuesten Stand.

www.haupt.ch/informiert

Diese Publikation ist in der Deutschen Nationalbibliografie verzeichnet.
Mehr Informationen dazu finden Sie unter http://dnb.dnb.de.

Der Haupt Verlag wird vom Bundesamt für Kultur mit einem Strukturbeitrag für die Jahre 2021–2024 unterstützt.

Wir verlegen unsere Bücher mit Freude und großem Engagement. Daher freuen wir uns immer über Anregungen zum Programm und schätzen Hinweise auf Fehler im Buch, sollten uns welche unterlaufen sein.